ENGLISCH

für Restaurant- und Hotelfachleute, Köche sowie Fachgehilfen im Gastgewerbe

von

RICHARD GEISSLER

Fachübersetzer
Lehrbeauftragter an der
Universität München

15., verbesserte Auflage

CARL GERBER VERLAG · MÜNCHEN

Ausgezeichnet mit der Bronzemedaille
beim Literarischen Wettbewerb
anläßlich der 10. Internationalen Kochkunstausstellung
und der 11. Deutschen Bundesfachschau
Hotel- und Gaststättengewerbe 1960

ISBN 3 87249 151-2

15., verbesserte Auflage

Druck und Buchbindung: Carl Gerber Grafische Betriebe GmbH, München

Vorwort

Daß nunmehr bereits die 15. Auflage dieses Lehr- und Übungsbuches vorgelegt werden kann, beweist seine Nützlichkeit und seine Beliebtheit.

Das Buch soll es dem Lernenden ermöglichen, sich in kürzester Zeit Sprachgeläufigkeit und praktisches Wissen anzueignen. Dem Gesprächsstoff wurde daher der gebührende Platz zuteil, ohne daß dadurch der grammatikalische Teil eine Schmälerung erfahren hätte. Von der Verwendung einer Lautschrift wurde abgesehen, um den Anfänger nicht durch zusätzliches Erlernen von Lautzeichen unnötig zu verwirren. Den Unterschieden zwischen dem britischen und dem amerikanischen Sprachgebrauch wurde Rechnung getragen.

Der 1. und 2. Teil des Lehrbuches soll dem Schüler den allgemeinen und fachlichen Wortschatz sowie die hauptsächlichsten grammatikalischen Kenntnisse vermitteln. Der 3. Teil hat vor allem eine praktische Ergänzung und Erweiterung des Wortschatzes zum Ziel. Vorgriffe auf den 3. Teil können also durchaus empfohlen werden, um so mehr, als die meisten Lektionen des 3. Teils in Form von Gesprächen und leichtverständlichen Anekdoten gehalten sind und sich mühelos an die einschlägigen Lektionen des 1. und 2. Teils anschließen lassen.

Für die zahlreichen Anregungen und anerkennenden Zuschriften, die mir aus Fachkreisen zugegangen sind, möchte ich an dieser Stelle danken. Auch in Zukunft werde ich Vorschläge gern entgegennehmen und verwerten.

München, im Sommer 1988

Richard Geissler

Inhaltsverzeichnis

Seite

Aussprache 11

I. Teil

Gesprächsstoff und Wortschatz

Lokale 15
Personal 15, 33
Mahlzeiten 21
Gedeck 21
Tageszeiten 22
Frühstück 23
Mittagessen 27
Hotelzimmer 29
Wetter 35
Staatsangehörigkeit 36
Geld 40
Familie 42
Zeit, Uhr 44, 45, 46
Feiertage 47

Grammatik

Das Hauptwort

Das bestimmte und unbestimmte Geschlechtswort . . 15
Die Mehrzahl der Hauptwörter 19

Das Hilfszeitwort

Sein (Gegenwart) 16
Haben (Gegenwart) 21
Die unvollständigen Hilfszeitwörter can, may, must . 29

Das Tätigkeitswort

Gegenwart, Befehlsform 25
Verneinung und Frage (Umschreibung mit „to do") . . 31
Die Verlaufs- oder Dauerform 34

Seite

Das Eigenschaftswort

Allgemeines 37
Die Steigerung der Eigenschaftswörter 38

Das Fürwort

Die persönlichen Fürwörter 16
Die Fragefürwörter 23
Die hinweisenden Fürwörter 23
Die besitzanzeigenden Fürwörter 41

Das Zahlwort

Die Grundzahlen . . . . (16, 17, 20), 43
Die Ordnungszahlen 23, 25, 27
Die Bruchzahlen 29
Die Wiederholungszahlen 31

II. Teil

Gesprächsstoff und Wortschatz

Lokale 50
Getränke 52
Küche: Einrichtung und Geräte 57
Küche: Tätigkeiten 59
Küche: Gewürze 61

Die Speisenkarte

Allgemeines 62
„Appetizers" 64
Suppen 67
Fisch 69
Fleisch 70
Fleischspeisen 72
Soßen 76
Geflügel 79
Wildbret 81
Gemüse 84
Salate, Käse 86
Nachtisch: Süßspeisen 89
Nachtisch: Obst 92

Seite

Grammatik

Das Hauptwort

Die Beugung des Hauptwortes 55

Das Hilfszeitwort

Die Vergangenheit der Hilfszeitwörter 48

Das Tätigkeitswort

Die Vergangenheit der regelmäßigen Tätigkeitswörter . 51
Die Vergangenheit der unregelmäßigen Tätigkeitswörter 53
Die Zukunft 68
Die Bedingungsform 69
Die Leideform 71
Die rückbezüglichen Tätigkeitswörter 74
Die Übersetzung von „lassen" 93
Das Gerundium und Mittelwort der Gegenwart . . . 90

Das Fürwort

Die Beugung der persönlichen Fürwörter 58
Die bezüglichen Fürwörter 60
Die unbestimmten Fürwörter 63, 65
Die rückbezüglichen Fürwörter 74

Das Umstandswort 77

Die Verhältniswörter 82, 85, 88

Die Wortstellung 79

III. Teil

Gesprächsstoff und Wortschatz

Frühstück 96
Nachmittagstee 96
Menüs 98, 99
Weinkarte 138, 139
Hotelzimmer 105
Küche: Rezepte 107, 108
Erkundigungen, Auskünfte 109
Verkehr 110

Seite

Reise 111
Vergnügungsstätten 114
Gesundheit, Krankheit 117
Korrespondenz, Postamt 120
Telefon 122
Gewichte, Maße 124
Einkäufe 127
Stellensuche 130
„Slang" 133

Grammatik

Das Hilfszeitwort

Ersatzformen für die „unvollständigen" Hilfszeitwörter . 129

Das Fürwort

Das unbestimmte Fürwort „es" 116
Das unbestimmte Fürwort „man" 118
Die bestimmenden Fürwörter 126

Wörterverzeichnis

1. Englisch—Deutsch 141
2. Deutsch—Englisch 181

Aussprache

Der große Unterschied zwischen dem Schriftbild und der Aussprache des Englischen bietet dem Anfänger Schwierigkeiten. Um dem Schüler das zusätzliche Erlernen eines Lautschriftsystems zu ersparen, das zudem die dem Englischen eigentümlichen Laute nur unvollkommen wiedergeben würde, wurde in den folgenden Lektionen, abgesehen von Einzelfällen, von einer besonderen Aussprachebezeichnung Abstand genommen. Es muß jedoch dem Lernenden, insbesondere beim Selbstunterricht, dringend geraten werden, von jeder Gelegenheit des Hörens und Sprechens (Rundfunk, Fernsehen, Amerikahäuser, Umgang mit Fortgeschrittenen mit einwandfreier Aussprache, englische Filme in Originalfassung) Gebrauch zu machen.

Beachte beim Sprechen: Die Zunge ist etwas von den Zähnen zurückgezogen, die Lippen nie zu stark bewegen oder runden! Der Unterkiefer wird ebenfalls nur wenig bewegt. Der Engländer spricht im Gegensatz zum Deutschen mit gleichbleibender Tonstärke und gleichförmiger Stimmtiefe. Vermeide das im Deutschen so häufige Zerhacken der Sätze und binde die Wörter, wo immer ein Schluß-Mitlaut oder -Selbstlaut auf ein Wort trifft, das mit einem Selbstlaut beginnt!

In den meisten mehrsilbig gesprochenen englischen Wörtern trägt nur eine Silbe den Ton. Bei jedem neuen Wort ist in den folgenden Lektionen die betonte Silbe dadurch gekennzeichnet, daß ihr Selbstlaut oder Doppelselbstlaut fett gedruckt ist. Ein mehrsilbiges Wort läßt sich sehr viel leichter richtig aussprechen, wenn man von vornherein die betonte Silbe kennt.

Im folgenden steht die Aussprachebezeichnung in eckigen Klammern [. . .], das deutsche Vergleichswort in runden Klammern (. . .); die Dehnung der Selbstlaute wird durch einen Doppelpunkt wiedergegeben.

A. Im gesprochenen Englisch vorkommende Selbstlaute

1. Kurze Selbstlaute

sprich	*wie in*	*engl. Beispiel mit deutscher Bedeutung*	*Aussprache*	*Schreibung meist*
[a]	*(satt)*	but *(aber)*	[bat]	u, o
[e]	*(fett)*	ten *(zehn)*	[ten]	e, ea
[i]	*(Schiff)*	six *(sechs)*	[six]	i
[o] *(sehr offen!)*	*(oft)*	not *(nicht)*	[not]	o
[u]	*(Schluß)*	put *(stellen)*	[put]	u, oo
[ö] *(nicht gerundet!)*	*(Natter)*	butter *(Butter)*	[battö]	e(r), o(r)

Letzterer Laut nur in unbetonten Silben!

2. Lange Selbstlaute

[a:]	*(haben)*	half *(halb)*	[ha:f]	a
[ä:]	*(Ähre)*	have *(haben)*	[hä:v]	a, ai, e
[i:]	*(sie)*	he *(er)*	[hi:]	e,, ee, ea
[o:] *(zwischen kahl und Kohl)*		call *(rufen)*	[ko:l]	a, au, o
[ö:] *(nicht gerundet!)*	*(hören)*	sir *(mein Herr)*	[sö:(r)]	e, i, o, u
[u:]	*(Kuh)*	you *(du, Sie)*	[ju:]	u, oo, ou

3. Doppelselbstlaute

[ai] } *sehr offenes „a"!*	*(Kaiser)*	life *(Leben)*	[laif]	i, y
[au] } *sehr offenes „a"!*	*(Haus)*	house *(Haus)*	[haus]	ou, ow
[ej]	—	lady *(Dame)*	[lejdi]	a, ai, ay, ei
[oi] } *sehr offenes „o"!*	*(Säule)*	oil *(Öl)*	[oil]	oi, oy
[ou] } *sehr offenes „o"!*	—	no *(nein, kein)*	[nou]	o, oa, ou, ow

Die im geschriebenen Englisch vorkommenden Selbstlaute haben je nach Art der Silbe, in welcher sie sich befinden, und ihrer Betonung ganz verschiedene Aussprache. Man unterscheidet Silben, die mit einem Selbstlaut enden (o f f e n e Silben) und solche, die mit einem Mitlaut enden (g e-

schlossene Silben). In offenen Silben und vor Mitlaut mit nachfolgendem verstummtem „e" wird der Selbstlaut gewöhnlich gedehnt. Nach betonter Silbe ist „e" am Schluß eines englischen Wortes immer „stumm", wird also nicht gesprochen.

Unbetonte Selbstlaute und Doppelselbstlaute werden zu kaum hörbaren Murmellauten [ö] *und* [i], *z. B.* c**o**lour [kalö] *(Farbe);* w**ai**tress [uejtris] *(Kellnerin).*

Grundregel für die Aussprache der betonten Selbstlaute

	in offener Silbe	vor -re	in geschlossener Silbe	vor r
a	late [ej]	hare [ä:^{ö}]	can [ä]	car [a:]
e	he [i:]	here [i:^{ö}]	ten [e]	her [ö:^{ö}]
i	life [ai]	fire [ai^{ö}]	six [i]	sir [ö:^{ö}]
o	no [ou]	more [o:^{ö}]	not [o]	for [o:^{ö}]
u	blue [u:] use [ju:]	sure [schu:^{ö}]	put [u] but [a]	turn [ö:^{ö}]

B. Im Englischen vorkommende Mitlaute

Im Englischen wird viel strenger nach stimmhaften (tönenden, gesummten) Mitlauten (z. B. b, d, g, weiches s, weiches sch, weiches th, weiches v) und stimmlosen (harten) Mitlauten (f, k, p, scharfes s, scharfes sch, t, scharfes th) unterschieden.

Das „l" berührt den Gaumen nicht und ist dumpfer als im Deutschen.

Das „r" wird nicht gerollt und im Auslaut zu [^{ö}].

Das „th" entsteht, wenn die Luft wie bei „s" dem Mund entströmt, dabei aber die Zunge an die oberen Schneidezähne stößt. Es kann summend (stimmhaft) oder scharf (stimmlos) sein. Im Anlaut ist es stimmlos, mit Ausnahme der Wörtchen the, this, these, that, those, there, their.

Das „v" ist ein Reibelaut, ähnlich dem deutschen „v" in Viktor.

Das „w" ist mit vorgestülpten Lippen zu beginnen, wie „u", dann die Lippen zurückziehen.

Ausspracheregeln für die im geschriebenen Englisch vorkommenden Mitlaute:

„c" vor e, i, y sprich wie scharfes s, z. B. c**e**llar [sell$^{\ddot{o}}$] *(Keller), sonst wie „k", z. B.* c**o**ffee [koffi:] *(Kaffee).*

„g" wie im Deutschen, jedoch vor e, i, y in Wörtern französischen Ursprungs wie „dsch", z. B. g**e**ntleman [dschentl$^{\ddot{o}}$m$^{\ddot{o}}$n] *(Herr).*

„j" wie „dsch", z. B. jam [dschäm] *(Marmelade).*

„z" wie weiches s, z. B. l**a**zy [lejsi] *(faul).*

„ch" wie tsch, z. B. much [matsch] *(viel); Ausnahmen bilden Wörter französischer Herkunft, z. B.* chef [schef] *(Küchenchef).*

„qu" wie kw, z. B. qu**a**rter [kwo:t$^{\ddot{o}}$].

„sh" wie sch, z. B. dish [disch] *(Schüssel).*

Außerdem gibt es in vielen Wörtern Mitlaute, die nicht mehr ausgesprochen werden, in der Schrift aber beibehalten wurden, z. B. lamb [läm] *(Lamm);* W**e**dnesday [wensdi] *(Mittwoch);* night [nait] *(Nacht);* hour [au$^{\ddot{o}}$] *(Stunde);* knife [naif] *(Messer);* walk [wo:k] *(Spaziergang);* often [ofn] *(oft);* wrong [rong] *(falsch, unrecht);* **a**nswer [a:ns$^{\ddot{o}}$] *(antworten, Antwort);* who [hu:] *(wer);* f**o**reign [forin] *(ausländisch) usw.*

Das englische Alphabet

The English A B C [dhi ingglisch ej, bi:, si:]

a	**b**	**c**	**d**	**e**	**f**	**g**	**h**	**i**
[ej]	[bi:]	[si:]	[di:]	[i:]	[ef]	[dschi:]	[ejtsch]	[ai]
j	**k**	**l**	**m**	**n**	**o**	**p**	**q**	**r**
[dschej]	[kej]	[el]	[em]	[en]	[ou]	[pi:]	[kju:]	[a:$^{\ddot{o}}$]
s	**t**	**u**	**v**	**w**	**x**	**y**	**z**	
[eß]	[ti:]	[ju:]	[vi:]	[dablju:]	[eks]	[wai]	[sed]	

Übung: *Schreibe alle bisher genannten englischen Wörter zu einer Leseübung zusammen. Buchstabiere einige davon mit Hilfe des englischen Alphabets!*

I. Teil

1. Lektion. First (1st) lesson

Das Hauptwort

the waiter — **der** *Kellner (den Kellner)*
the waitress — **die** *Kellnerin*
the restaurant — **das** *Restaurant*
a cook — **ein** *Koch (einen Koch)*
a landlady — **eine** *Wirtin*
an office — **ein** *Büro*

Die englische Sprache hat nur ein bestimmtes Geschlechtswort (Artikel) für alle Geschlechter in Einzahl und Mehrzahl: the (*spr.* dhö; *vor Selbstlaut spr.* dhi). *Im Gegensatz zum Deutschen werden die Hauptwörter klein geschrieben.*

Der unbestimmte Artikel heißt für alle Geschlechter a (*spr.* ä); *vor Selbstlaut wird er zu* an (*spr.* än).

Da der 1. Fall gleich dem 4. Fall ist, kann the *auch „den" bedeuten,* a (an) *auch „einen".*

Weitere Hauptwörter

Das Lokal (the place)

restaurant *Restaurant*
dining-room *Speisesaal*
lunchroom *Restaurant (besonders für Mittagessen)*
kitchen *Küche*
cellar *Keller*
table *Tisch*
chair *Stuhl*
door *Türe*

das Personal (the staff, the personnel)

landlord *Wirt, Hausbesitzer*
landlady *Wirtin, Hausbesitzerin*
manager *Geschäftsführer, Direktor*
waiter *Kellner, Ober*
waitress *Kellnerin*
headwaiter *Oberkellner, 1. Kellner*

window *Fenster*
office *Büro*
telephone / phone } *Telefon*
lift / elevator *(amerik.)* } *Fahrstuhl, Aufzug*

cook *Koch, Köchin*
head cook / chef (*spr.* schef) } *Küchenchef*
guest (*spr.* gest) *Gast*
patron *Gast, Stammgast Kunde*
customer *Kunde*

Ü b u n g : *Verbinde obige Hauptwörter zuerst mit dem bestimmten, dann mit dem unbestimmten Artikel!*

Z a h l e n

1	one	7	seven
2	two	8	eight
3	three	9	nine
4	four	10	ten
5	five	11	eleven
6	six	12	twelve

2. Lektion. Second (2nd) lesson

D a s H i l f s z e i t w o r t „s e i n" (t o b e), G e g e n w a r t

I am *ich bin*	am I? *bin ich?*
you are *du bist*	are you? *bist du?*
he is *er ist*	is he? *ist er?*
she is *sie ist*	is she? *ist sie?*
it is es ist	is it? *ist es?*
we are *wir sind*	are we? *sind wir?*
you are *ihr seid, Sie sind*	are you? *seid ihr?, sind Sie?*
they are sie sind	are they? *sind sie?*
I am **not** *ich bin nicht*	am I not? *bin ich nicht?*
you are not *du bist nicht*	are you not? *bist du nicht?*
usw.	*usw.*

Da Hilfszeitwörter meist unbetont sind, werden sie beim Sprechen verkürzt. Es ergeben sich folgende Zusammenziehungen:

a) mit Verkürzungen des Hilfszeitwortes:

I'm *ich bin*	I'm not *ich bin nicht*
you're *du bist*	you're not *du bist nicht*

he's, she's, it's we're you're they're	he's not, she's not, it's not *usw.*

b) mit Verkürzung von not:

you aren't *du bist nicht, ihr seid nicht, Sie sind nicht*	aren't you? *bist du nicht?, seid ihr nicht, sind Sie nicht?*
he isn't, she isn't, it isn't	isn't he, isn't she, isn't it?
we aren't	aren't we?
they aren't	aren't they?

Während diese zusammengezogenen Formen in der Umgangssprache durchaus korrekt sind und fleißig geübt werden müssen, ist ihre Verwendung in Aufsätzen, Geschäftsbriefen usw. zu vermeiden. Hier werden sie nur verwendet, wenn ein Gespräch wortwörtlich niedergeschrieben werden soll.

Merke:

You are a manager, **aren't you?**	*Sie sind Direktor,* **nicht wahr?**
He is not (he's not, he isn't) the headwaiter, **is he?**	*Er ist nicht der Oberkellner,* **nicht wahr?** *(oder doch?)*

Übung: I am a waiter, you are a cook. He is the landlord, she is the landlady. It is an office. We are in the restaurant, you are in the kitchen. They are in the office.

He is not the landlord, he is the manager. Are you a waiter? Are you not the chef? Is she not a waitress? Are they not in the kitchen? Is the phone not in the office? Is the cook not in the kitchen?

She is the landlady, is she not? He is not a customer, is he? You are a patron, are you not? They are in the office, are they not? The phone is in the office, is it not?

Verkürze obige Sätze wie unter a) und b) angegeben!

Zahlen

13 thirteen	17 seventeen
14 fourteen	18 eighteen
15 fifteen	19 nineteen
16 sixteen	

3. Lektion. Third (3rd) lesson

Redewendungen mit „to be"

Wie jede Sprache, so verfügt auch das Englische über eine große Anzahl Redewendungen, von denen viele nicht wörtlich übersetzt werden können. Den folgenden Redensarten liegt das Hilfszeitwort „to be" *zugrunde. Die Beherrschung dieser Redensarten sowie aller in den folgenden Lektionen erwähnten ist besonders wichtig.*

I am glad *es freut mich, ich bin froh*
I am sorry *es tut mir leid; leider*
I am afraid *ich befürchte; leider*
I am well / I am fine *es geht mir gut; ich bin wohlauf*
I am ill (sick) *ich bin krank*
I am cold *es ist mir kalt, ich friere*
I am warm *es ist mir warm*
I am hungry *ich bin hungrig, ich habe Hunger*
I am thirsty *ich bin durstig, ich habe Durst*
I am sleepy *ich bin schläfrig, ich habe Schlaf*
I am early *ich bin früh dran*
I am in time *ich bin rechtzeitig dran*
I am late *ich bin (zu) spät dran*
I am in a hurry *es eilt mir*
I am right *ich h a b e recht*
I am wrong *ich h a b e unrecht*
I am nineteen *ich bin 19 (Jahre alt)*
It is seven *es ist sieben (Uhr)*
It is a pity *es ist schade*
there is *es gibt (es ist, es befindet sich), mit Einzahl*
there are *es gibt (es sind, es befinden sich), mit Mehrzahl*
how are you? *wie geht es Ihnen?*
how is Mr. Miller? *wie geht es Herrn Miller?*
how are Mr. and Mrs. Miller? *wie geht es Herrn und Frau Miller?*
on *auf*
and *und*
well *gut, wohl; na!, nun!*
fine *schön, fein, gut*
ill, sick *krank*
cold *kalt*
warm *warm*
hungry *hungrig*
thirsty *durstig*
sleepy *schläfrig*
early *früh, frühzeitig*
time *Zeit*
late *spät*
hurry *Eile*
right *recht, richtig, rechte(r)*
wrong *unrecht, unrichtig, falsch*
pity *Mitleid*
there *da, dort*
how? *wie?*
Mr. (*spr.* mister) *Herr . . . (nur m i t Namen)*

Mrs. *(spr.* missis*) Frau ... (nur mit Namen)*
Miss *Fräulein*
Sir *mein Herr (ohne Namen)*
Madam (ma'm) *gnädige Frau (ohne Namen)*
yes *ja*
no *nein; kein(e), keinen*
thank you / thanks *danke*
please *bitte (jedoch nicht nach danke!)*
(you are) welcome *bitte (nach danke, „gern geschehen")*
remember *erinnere dich*
always *immer*

Übung: How are you, Mr. Brown? — Thank you, I am well (thanks, fine). — And how is Mrs. Brown? — I am sorry, she is ill. — I am sorry I am late. — We are early, it is seven fifteen (7 Uhr 15). — Are you sleepy? — No, I am cold. — It is a pity Mr. and Mrs. Smith are late. — We are in a hurry. — You are right, sir, the landlord is in the office. — There is no telephone in the kitchen. — Are there guests in the dining-room? — No, madam, there are no guests. — There are twelve waiters in the restaurant. — I am afraid Miss Winter is wrong. — Is there no phone? I'm afraid (I'm sorry), sir, no. — Remember: The customer is always right.

4. Lektion. Fourth (4th) lesson

Die Mehrzahl der Hauptwörter

Man bildet die Mehrzahl eines Hauptwortes, wenn man an seine Einzahlform ein „s" anfügt:

the table *der Tisch,* the tables *die Tische*
the boy *der Junge,* the boys *die Jungen*

Dabei sind folgende Besonderheiten zu beachten:

1. glass *Glas,* glasses (*spr.* glassis) *Gläser*
   dish *Schüssel,* dishes (*spr.* dischis) *Schüsseln*
   match *Zündholz,* matches (*spr.* mätschis) *Zündhölzer*
   box *Schachtel,* boxes (*spr.* boxis) *Schachteln*
   bus *Omnibus,* buses (*spr.* bassis) *Omnibusse*
2. potato *Kartoffel,* potatoes *Kartoffeln*
   tomato *Tomate,* tomatoes *Tomaten*
3. lady *Dame,* ladies *Damen*
4. knife (*spr.* naif) *Messer,* knives (*spr.* naivs) *Messer (Mehrzahl)*

Die Mehrzahl auf „es" bilden: 1. Hauptwörter, die auf sog. Zischlaut enden (s, ss, sh, ch, x); 2. Hauptwörter, die auf o enden; 3. Hauptwörter, die auf y mit vorhergehendem Mitlaut enden, haben in der Mehrzahl ies; *4. manche Wörter auf f und fe haben in der Mehrzahl* ves.

Daneben gibt es einige unregelmäßige Mehrzahlformen:

man (*spr.* män) *Mann, Mensch*	men (*spr.* men) *Männer, Menschen*
gentleman *Herr (feiner Herr)*	gentlemen *Herren*
Englishman *(ein) Engländer*	Englishmen *(mehrere) Engländer*
woman (*spr.* wumen) *Frau*	women (*spr.* wimen) Frauen
goose *Gans*	geese *Gänse*
foot *Fuß*	feet *Füße*
tooth *Zahn*	teeth *Zähne*
mouse *Maus*	mice (*spr.* maiß) *Mäuse*
ox *Ochse*	oxen *Ochsen*
child *Kind*	children *Kinder*

Merke: people *die Leute;* fish *Fisch, Fische;* fowl *Geflügel;* fruit *Frucht, Früchte, Obst;* hair *Haar, Haare (bei* fish, fowl, fruit *und* hair *wird nur dann ein „s" angehängt, wenn von mehreren, einzelnen Fischen, Früchten usw. gesprochen wird).*

Übung: Are there no matches? Yes, sir, in the boxes. — The potatoes are in the dishes. The knives are on the tables. The buses are late. How are the children? Thank you, they are fine. There are two ladies in the office. There are mice in the kitchen. Are there glasses on the tables? Yes, madam, there are. Mrs. Brown and Miss Winter are waitresses. Are there Englishmen in the lunchroom?

Setze obige Sätze in die Einzahl!

Zahlen

20 twenty	40 forty
21 twenty-one	41 forty-one *usw.*
22 twenty-two	50 fifty
23 twenty-three *usw.*	60 sixty
30 thirty	70 seventy
31 thirty-one	80 eighty
32 thirty-two *usw.*	90 ninety

5. Lektion. Fifth (5th) lesson

Das Hilfszeitwort „haben" (to have), Gegenwart

I have *ich habe*
you have *du hast*
he has *er hat*
she has *sie hat*
it has *es hat*
we have *wir haben*
you have *ihr habt, Sie haben*
they have *sie haben*

have I? *habe ich?*
have you? *hast du? usw.*
I have not *ich habe nicht*
you have not *du hast nicht usw.*
have I not? *habe ich nicht?*
have you not? *hast du nicht? usw.*

Zusammenziehungen:

a) *mit Verkürzung des Hilfszeitwortes:*
I've *ich habe,* you've, he's, she's, it's *(selten),* we've, they've.

b) *mit Verkürzung von* not:
I haven't *ich habe nicht,* you haven't, he (she, it) hasn't, we haven't, they haven't; haven't I? *habe ich nicht?,* haven't you?, hasn't he (she, it)?, haven't we, haven't they?

Merke:

You have a manager, **haven't you?** *Sie haben einen Geschäftsführer,* **nicht wahr?**

They have no telephone, **have they?** *Sie haben kein Telefon,* **nicht wahr?** *(oder doch?)*

Mahlzeiten (meals)

breakfast *Frühstück*
lunch, luncheon *2. Frühstück, Imbiß, leichtes Mittagessen*
(afternoon-)tea, five o'clock tea *Nachmittagstee*
high tea *(vornehmer) Tee, mit verschiedenen Kuchen und belegten Brötchen*
dinner *Hauptmahlzeit, in London: Abendessen*
supper *(spätes) Abendessen*

das Gedeck (the cover)

(table-)cloth *Tischtuch*
napkin *Tischserviette, Mundtuch*
serviette *(Kellner-)Serviette*
plate *Teller*
cup *Tasse*
saucer *Untertasse*
glass *Glas*
knife (*Mehrz.* knives) *Messer*
fork *Gabel*
spoon *Löffel*
cigar *Zigarre*
cigarette *Zigarette*

T a g e s z e i t e n

morning *Morgen*

in the morning am Morgen, *frühmorgens*

f**o**renoon *Vormittag*

noon *Mittag*

at noon *am Mittag, mittags*

afternoon *Nachmittag*

in the afternoon *am Nachmittag, nachmittags*

evening *Abend*

in the evening *am Abend, abends*

night *Nacht*

at night *in der Nacht, nachts*

at m**i**dnight *um Mitternacht*

look *schauen, Blick*

wash *waschen, Wäsche*

some *etwas, einige*

w**a**ter *Wasser*

at *um* } *bei Zeitangabe*
o'clock *Uhr* }

take *nehmen*

seat *(Sitz-)Platz*

when *wann, wenn, als*

but *aber, sondern*

R e d e w e n d u n g e n m i t „t o h a v e"

Have a cigarette! *Nehmen Sie sich eine Zigarette!*
Have a cigar? *Darf ich Ihnen eine Zigarre anbieten?*
Have some water! *Trinken Sie etwas Wasser!*
Have a seat (Take a seat), please! *Setzen Sie sich, bitte!*
I have breakfast *ich frühstücke*
I have lunch *ich esse zu Mittag*
I have tea *ich trinke Tee*
I have dinner (supper) *ich esse zu Abend*
I have a look *ich werfe einen Blick*
I have a wash *ich wasche mich (meine Hände)*
I have a cold *ich bin erkältet*

Ü b u n g : We have breakfast at 8 o'clock, lunch at twelve thirty, tea at five o'clock, and dinner at eight fifteen. Take a seat, Mr. Smith, and have a cigarette! No, thank you, I have a cold.

When we have dinner at noon (early dinner), the evening meal is called *(wird genannt)* „supper", but when there is a lunch at noon, the evening meal is called „dinner", and there is no supper.

You have tea in the afternoon, haven't you? Yes, madam, we have. You have no napkin, Mrs. Browm, have you? Oh yes, I have, thank you. I have a cup, but no saucer. There are no forks on the table.

Ordnungszahlen

the first (1st) *der (die, das) erste, den ersten*
the second (2nd) *der zweite usw.*
the third (3rd) *der dritte*
the fourth (4th) *der vierte*
the fifth (5th) *der fünfte*
the sixth (6th) *der sechste*

6. Lektion. Sixth (6th) lesson

Die Fragefürwörter

Who is that? That is the landlord, Mr. Miller. *Wer ist das?* Das ist der Wirt, Herr Miller.

Who are these gentlemen? *Wer sind diese Herren?*

What is this? That is a spoon. *Was ist dies? Das ist ein Löffel.*

Which of these ladies is Mrs. Winter? *Welche von diesen Damen ist Frau Winter?*

Which foot is this? The right foot. *Welcher Fuß ist dies? Der rechte Fuß.*

„Who" *fragt nach Personen,* „what" *nach Sachen; das Fragefürwort* „which" *wählt aus einer bestimmten Anzahl eine oder mehrere Personen oder Sachen aus.*

Die hinweisenden Fürwörter

this *dieser (diesen), dieses, diese (dies), Einzahl*
these *diese (dies), Mehrzahl*
that *jener (jenen), jenes, jene (das), Einzahl*
those *jene (das), Mehrzahl*

Merke: *„dies sind" und „das sind" müssen immer mit* „**these** are", *bzw.* „**those** are" *übersetzt werden. Auf keinen Fall darf hinweisend gebrauchtes, betontes „das" mit* „the" *wiedergegeben werden!*

Frühstück (breakfast)

coffee *Kaffee*
coffeepot *Kaffeekanne*
teapot *Teekanne*
teaspoon *Teelöffel*
coffee with milk *Milchkaffee*
black *schwarz*
cream *Sahne, Rahm*
cocoa *Kakao*

ch**o**colate *Schokolade*
s**u**gar *Zucker*
l**u**mp-sugar *Würfelzucker*
h**o**ney *Honig*
p**o**rridge *(Hafer-)Brei*
milk *Milch*
fruit juice *Fruchtsaft*
cereals *Getreideflocken*
p**a**ncake *Pfannkuchen*
(fruit juice, cereals, pancake: *bes. in U.S.A. zum Frühstück*)
bread *Brot*
white bread *Weißbrot*
brown bread *Schwarzbrot*
roll *Semmel, Brötchen*
cake *Kuchen*
b**i**scuit (*spr.* b**i**skit) *Biskuit, Keks*
cr**a**cker *(amer.) dünnes Keks*
b**u**tter *Butter*
bread and butter *Butterbrot*
jam *Marmelade, Konfitüre*
m**a**rmelade *Orangenmarmelade*
s**a**ndwich *belegtes Brot*
toast *geröstete Brotschnitte*
b**a**con *(geräucherter) Speck*
ham *Schinken*
egg *Ei*
ham and eggs *Eier mit Schinken*
hard-boiled (*amer.* hard-cooked) eggs *hartgekochte Eier*
soft-boiled (*amer.* soft-cooked) eggs *weiche Eier*
fried eggs *Spiegeleier*
p**oa**ched eggs *verlorene Eier*
omelette *Eierkuchen*
scr**a**mbled eggs *Rühreier*
name *Name*
your *dein, euer, Ihr*
my *mein, meine, meinen*
age *Alter*
year *Jahr*
old *alt*
prof**e**ssion *Beruf*
date *Datum (auch Verabredung)*
c**o**lour (*amer.* color) *Farbe*

m**a**tter Angelegenheit
ab**ou**t *über; ungefähr; umher*
tod**ay** *heute*
news *Nachricht, Nachrichten*
nice *hübsch, schön, nett*
or *oder*
with *mit*
with**ou**t *ohne*

Redensarten mit „what"

what is your name? My name is Smith. *Wie heißen Sie? Ich heiße Schmidt.*

what is your age? / how old are you? I am twenty-five (years old). *Wie alt sind Sie? Ich bin 25 (Jahre alt).*

what is your profession? I am a waiter. *Was sind Sie von Beruf? Ich bin Kellner.*

what is the date? Today is the third of September. *Welches Datum haben wir heute? Heute ist der 3. September.*

what is the time (what time is it)? *Wie spät ist es?*

what is the matter (with you)? *Was ist (mit dir) los?*
what is wrong? *Was stimmt nicht?*
what about breakfast? *Wie steht's mit dem Frühstück?*
how about a cup of tea? *Wie wär's mit einer Tasse Tee?*
what news? *Was gibt's Neues?*
what colour **is** tea? Tea is black. *Welche Farbe hat Tee? Tee ist schwarz.*
what colour **are** eggs? Eggs are white. *Welche Farbe haben Eier? Eier sind weiß.*
what is „Frühstück" in English? / what is the English for „Frühstück"? } *Wie heißt „Frühstück" auf englisch?*
what a nice place! *Was für ein hübsches Lokal!*
what fine colours! *Was für schöne Farben!*

Ordnungszahlen

the seventh (7th) *der siebente;*
the eighth (8th) *der achte;*
the ninth (9th) *der neunte;*
the tenth (10th) *der zehnte;*
the eleventh (11th) *der elfte;*
the twelfth (12th) *der zwölfte.*

7. Lektion. Seventh (7th) lesson

Das Tätigkeitswort. Gegenwart

to ask *fragen*

I ask *ich frage*
you ask *du fragst*
he ask**s** *er fragt*
she ask**s** *sie fragt*
it ask**s** *es fragt*
we ask *wir fragen*
you ask *ihr fragt, Sie fragen*
they ask *sie fragen*

Befehlsform
ask! *frage!*
let us ask! (let's ask!) *fragen wir!*
ask! *fragt! fragen Sie!*

Nur die 3. Person Einzahl Gegenwart bekommt ein „s" als Endung.

Eine eigene Grundform (Infinitiv) hat außer „to be" *kein englisches Tätigkeitswort, weshalb man, um die Grundform zu kennzeichnen,* „to" *voraus setzt. Damit wird gleichzeitig eine Verwechslung mit gleichlautenden Hauptwörtern ver-*

mieden, z. *B.* to look = *schauen,* a look = *ein Blick;* to lunch = *einen Imbiß einnehmen,* the lunch = *der Imbiß.*

Weitere Tätigkeitswörter

to **a**nswer (*spr.* **a**nser) *antworten*
to beg**in** *beginnen, anfangen*
to charge *berechnen*
to cut *schneiden*
to drink *trinken*
to eat *essen*
to **e**nter *betreten, eintreten*
to give *geben*
to get *bekommen, verschaffen, gelangen, werden*
to go *gehen, fahren*
to hear *hören*
to keep *behalten*
to know *kennen, wissen*
to learn *lernen*
to make *machen, anfertigen*
to **o**pen *öffnen*
to **o**rder *bestellen, befehlen*
to pay *(be)zahlen*
to put *stellen, legen, stecken*
to say *sagen*
to see *sehen*
to serve *auftragen, servieren*
to show *zeigen*
to shut } *schließen*
to close }
to smell *riechen*
to smoke *rauchen*
to speak *sprechen*
to stand *stehen*
to taste *versuchen, kosten*
to try *versuchen, probieren*
to underst**a**nd *verstehen*
to work *arbeiten*

Viele dieser Tätigkeitswörter sind zugleich Hauptwörter:

answer *Antwort*
charge *Gebühr, Kosten*
drink *Getränk*
order *Bestellung, Befehl*
pay *Bezahlung*
show *Vorstellung* (Theater)
smell *Geruch, Geruchsinn*
smoke *Rauch*
taste *Geschmack*
work *Arbeit*

Beim Anfügen der Endung „s" an die 3. Person Einzahl der Tätigkeitswörter, die auf Zischlaut, „o" oder „y" enden, gilt das in der 4. Lektion für das Mehrzahl-„s" der Hauptwörter unter 1. bis 3. Gesagte. Es muß also heißen:

he w**a**shes (woschis) *er wäscht;* he goes *er geht*
he tries *er versucht (aber:* he pays *er bezahlt!)*
Merke: he says (*spr.* ses) *er sagt.*

Übung: A gentleman enters the restaurant. The waiter says: "Good morning, sir." The guest orders breakfast. He drinks tea and eats some rolls with butter and jam. Then he smokes a cigarette and pays. He gives the waiter a tip *(Trinkgeld).* The waiter says: "Thank you, sir."

Übe obiges Lesestück mit allen Personen Einzahl und Mehrzahl.

Übersetze: *Wir fragen den Kellner. Er antwortet. Er sagt: „Es tut mir leid, wir haben keine Eier." Wir bestellen (etwas) Butterbrot. Er stellt die Teekanne und die Tassen auf den Tisch. Wir versuchen den Tee. Wir trinken Tee um 8 und um 5 Uhr. Wir bezahlen und geben dem Kellner ein Trinkgeld.*

Ordnungszahlen

the thirteenth (13th) *der 13.,*
the fourteenth (14th) *der 14.*
the fifteenth (15th) *der 15. usw.*
the twentieth (20th) *der 20.*
the twenty-first (21st) *der 21.*
the twenty-second (22nd) *der 22.*
the twenty-third (23rd) *der 23.*
the twenty-fourth (24th) *der 24. usw.*
the thirtieth (30th) *der 30.*
the thirty-first (31st) *der 31. usw.*
the fortieth (40th) *der 40.*
the fiftieth (50th) *der 50. usw.*

Eighth (8th) lesson

Weitere Fragewörter

Where is the manager? Wo ist der Geschäftsführer?
When ist breakfast served? *Wann wird das Frühstück serviert?*
Why is there no cloth on the table? *Warum ist kein Tischtuch auf dem Tisch?*

Mittagessen (als Hauptmahlzeit: dinner; *als Imbiß:* lunch)

soup *Suppe*
soup-plate *Suppenteller*
(soup-)tureen *Suppenterrine*
(soup-)ladle *Schöpf-, Vorleglöffel*
bread-basket *Brotkorb*
decanter *Wasserflasche,*
carafe *Karaffe*
bottle *Flasche*
corkscrew *Korkzieher*
cruet-stand *Gewürzständer, Menage*
salt *Salz*
salt-cellar *Salzfaß*
pepper *Pfeffer*
pepper-box *Pfefferbüchse*

mustard *Senf*	vegetables *Gemüse*
oil *Öl*	salad *Salat*
vinegar *Essig*	dessert *Nachtisch*
menu / bill of fare } *Speisenkarte*	beer *Bier*
	wine *Wein*
bill / check *(amer.)* } *Rechnung*	lemonade *Limonade*
	much *viel (Einzahl)*
meat *Fleisch*	many *viele (Mehrzahl)*
sauce *Soße*	to consist of *bestehen aus*
sauceboat *Soßenschüssel*	between *zwischen*
gravy *Bratensoße*	to garnish *garnieren*

Übung: Lunch is served between 11 and 2 o'clock. It consists of some meat with vegetables and a dessert. Dinner is served between 7 and 8 o'clock in the evening. There is soup, fish, meat with potatoes and vegetables, and a dessert. We drink beer or wine, and the children have some lemonade.

Beantworte folgende Fragen: Where is the mustard? Where is the wine? When is lunch served? When is dinner served? Who serves the soup? Who orders the meal? What is in the bottle? What is in the sauce-boat? How many tables are there in this room? What time is it? What colour are tomatoes?

Merke: Where is the mustard? **It** is in the mustard-pot. I see **it.**
Where is the bottle? **It** is on the table. I see **it.**

Alle Hauptwörter, die Dinge (und kleinere Tiere) bezeichnen, sind im Englischen sächlich; daher heißt ihr Fürwort in der Einzahl immer „it" *(im Deutschen: er, ihn, sie, es).*

Übersetze: *Ist der Geschäftsführer im Büro? Ja, mein Herr, er ist. Ist dies der erste Tisch? Ja, gnädige Frau, er ist. Wo ist die Besitzerin? Sie ist in der Küche. Wo ist die Küche? Sie ist zwischen dem Speisesaal und dem Büro.*

Antworte nie mit bloßem „yes" *oder* „no"! *Füge* „sir" *oder* „madam" *hinzu und/oder wiederhole das Hilfszeitwort, z. B.:* Is this my room? Yes, madam, (it is).

Bruchzahlen

a half (*spr.* hahf), *Mehrzahl* halves *halb*
a third *ein Drittel;* two thirds *zwei Drittel*
a quarter *ein Viertel;* three quarters *drei Viertel*
a fifth *ein Fünftel;* four fifths *vier Fünftel*
a sixth *usw. (Bruchzahl = Ordnungszahl)*

Ninth (9th) lesson

Unvollständige Hilfszeitwörter

I can *ich kann;* I cannot (can't) *ich kann nicht;* can I? *kann ich?*

I may *ich darf;* may I? *darf ich?*

I must *ich muß;* you must not (mustn't) *du sollst nicht (Verbot).*

Diese Hilfszeitwörter werden „unvollständig" genannt, weil ihnen verschiedene Zeiten und Formen fehlen, u. a. die Grundform. Die 3. Person Einzahl bekommt kein „s": he can, she cannot, it may *usw.*

Das Hotelzimmer (the hotel room)

hotel *Hotel*
room *Zimmer*
bedroom *Schlafzimmer*
living-room Wohnzimmer
bathroom *Badezimmer*
apartment *(möblierte) Wohnung, im Hotel: Schlafzimmer, Salon und Bad*
suite [swi:t] *mehrere Hotelzimmer, Zimmerflucht*
floor *Stockwerk, Fußboden*
bed *Bett*
mattress *Matratze*
pillow Kopfkissen
sheet *Bettuch*
blanket *Bettdecke*
quilt *Steppdecke*
lamp *Lampe*
switch *Schalter*
wardrobe, press } *Kleiderschrank*
chest of drawers *Kommode*
curtain *Vorhang*
carpet *Teppich*
rug *Vorleger, Brücke*
wall *Wand*
ceiling *Zimmerdecke*
easy-chair, arm-chair } *Sessel, Lehnstuhl*
furniture *Einrichtung, Mobiliar*
bell *Glocke*
button *Knopf*
to press the button, to ring (the bell) } *läuten, klingeln*
washstand *Waschtisch*
toilet-table, dressing-table } *Toilettentisch, Frisiertoilette*
W.C. (water-closet) *Abort*
bath *Bad*
towel *Handtuch*
soap *Seife*

toothbr**u**sh *Zahnbürste*
suitc**a**se Handkoffer
trunk *großer Reisekoffer*
key *Schlüssel*
car *Auto, Wagen*
to park *parken*
g**a**rage *Garage*

to **do** *tun, machen, erledigen, treiben*
he (she, it) **does** (*spr.* das) *er (sie, es) tut*

tr**ou**ble *stören, bemühen*
f**a**vour (*amerik.* favor) *Gefallen, Gunst*
to like *mögen, gern haben, gefallen, etwas gern essen (trinken, rauchen)*
m**a**ybe *vielleicht*
b**u**siness (*spr.* b**i**sniß) *Geschäft(e)*
question *Frage*
boss *(familiär) der Chef*
good *gut*

Redewendungen

what can I do for you? *was steht zu Diensten? was darf's sein?*
where can I wash my hands? / where can I get a wash? } *wo kann ich mal austreten?*
may I trouble you for a match? *darf ich Sie um Feuer bitten?*
may I ask you a favour? *darf ich Sie um einen Gefallen bitten?*
may I ask you a question? *darf ich Ihnen eine Frage stellen?*
can I see the manager? *kann ich den Geschäftsführer sehen?*
can I speak **to** the boss? *kann ich den Chef sprechen?*
I like coffee *ich trinke gern Kaffee*
I like pancakes *ich esse gern Pfannkuchen*
I like American cigarettes *ich rauche gern amerikanische Zigaretten*
I like to have breakfast in bed *ich frühstücke gern im Bett*
I like this place *dieses Lokal gefällt mir*
I should like to ... *ich möchte gern ...*
I do business with Mr. Brown *ich treibe Geschäfte mit Herrn Brown*
she does my room *sie macht mein Zimmer*
we do our work *wir tun unsere Arbeit*
do me a favour! *tu mir einen Gefallen*
I see *ich verstehe;* you see? *verstehen Sie?*
I say *hör mal; da fällt mir ein; was ich sagen wollte.*

Übung: Good evening, sir, what can I do for you? Can I have a room on the first floor? I'm afraid, there is no room left *(übrig)* on the first floor, but there is one on the second floor. May I see it? Certainly *(gewiß)*, sir.

The furniture is nice. It consists of a bed with a fine quilt, a wardrobe, a dressing-table, a table, two chairs, and an easy-chair. I like this room. I take it. I say, is there a lift (an elevator)? Yes, sir, there it is. Where can I park my car? There is the garage.

Abfrageübung: He has a nice room on the second floor. What has he? On which floor is the room? How is the room? — We have breakfast in the breakfast-room at 8 o'clock. What have we at 8 o'clock? When (what time) have we breakfast? Where is breakfast served?

Bild ähnliche Sätze und Fragen!

Wiederholungszahlen

once *einmal*
twice *zweimal*
three times *dreimal*
four times *viermal*
usw.

the first time *das erste Mal*
the second time *das zweite Mal*
for the third time **zum** *dritten Male*
the last time *das letzte Mal*

Tenth (10th) lesson

Das Tätigkeitswort. Verneinung und Frage

1. I **do** not know. *Ich weiß nicht.*
2. **Do** you speak English? Yes, I **do** (No, I **do** not). *Sprechen Sie Englisch? Ja (nein).*
3. Who (which of you) speaks English? *Wer (wer von euch) spricht Englisch?*
4. He never works in the evening. *Er arbeitet nie am Abend.*

*Sind die Tätigkeitswörter mit „not" verneint (Beispiel 1) oder stehen sie in einer Frage (Beispiel 2), so werden sie im Englischen mit dem Hilfszeitwort „*to do*" = tun, „umschrieben", wenn der Satz noch kein Hilfszeitwort enthält.*

*Diese Umschreibung findet nicht statt, wenn ein anderes Wort als „*not*" zur Verneinung gebraucht wird (Beispiel 4) oder wenn das den Satz einleitende Fragefürwort an Stelle des Satzgegenstandes steht (Beispiel 3).*

Zweck dieser Umschreibung ist, daß bei der Verneinung „not" stets vor der Grundform des Tätigkeitswortes steht und bei der Frage der Satzgegenstand immer vor dem Tätigkeitswort steht. Es ist also falsch, die deutschen Sätze wortwörtlich zu übersetzen:

falsch! | richtig

ich weiß nicht
(= I know not) = *ich tu nicht wissen* = **I do not know**
du weißt nicht
(= you know not) = *du tust nicht wissen* = you do not know
er weiß nicht
(= he knows not) = *er tut nicht wissen* = he does not know
wir wissen nicht
(= we know not) = *wir tun nicht wissen* = we do not know
usw.

weißt du?
(= know you?) = *tust du wissen?* = **do you know?**
weiß er?
(= knows he?) = *tut er wissen?* = does he know?
usw.

weißt du nicht?
(= know you not?) = *tust du nicht w.* = **do you not know?**

Zusammenziehungen: don't (*aus* do not), doesn't (*aus* does not).

Merke: you speak English, **don't you?** *Sie sprechen Englisch, nicht wahr?*
he doesn't speak English, **does he?** *er spricht nicht Englisch, nicht wahr? (oder doch?)*

Hilfszeitwörter werden nicht mit „to do" *umschrieben, außer die verneinte Befehlsform von* „to be" *und solche Sätze, in denen* „to have" *als selbständiges Tätigkeitswort (besitzen, zu sich nehmen) verwendet wird:*

Do not be silly (don't)! *Sei nicht töricht!*
When **do** you have lunch? *Wann essen Sie zu Mittag?*
„To do" *selbst wird umschrieben:*
How do you do? *Wie geht es Ihnen?*
What do you do in the afternoon? *Was tun Sie am Nachmittag?*

In bejahenden Sätzen kann „to do" zur Verstärkung und bei nachdrücklichen Bitten verwendet werden:

I **do** understand you *ich verstehe Sie tatsächlich (wirklich).*

Do be polite! *sei d o c h höflich!* **Do** have pity! *hab d o c h Mitleid!*

H o t e l p e r s o n a l (hotel staff)
proprietor, owner *Besitzer*
hotelkeeper *Hotelbesitzer*
employee *Angestellter*
(employer *Arbeitgeber*)
reception clerk *Empfangschef*
interpreter *Dolmetscher*
hallporter *Hotelportier*
porter *Hoteldiener (auch Gepäckträger)*
hall, lobby, foyer *Hotelhalle*
liftboy, lift attendant *Aufzugführer*
elevator man, e. operator *(amerik.) Aufzugführer*
bellboy, boy, page, busboy *(amerik.)* *Hotelpage*
chambermaid *Zimmermädchen*
switchboard operator *Telefonist*
shoeshine, bootblack *Stiefelputzer*
newsboy *Zeitungsjunge*
tip, gratuity *Trinkgeld*

to bring *bringen*
to buy (*spr.* bai) *kaufen*
to call *rufen, wecken*
to carve *zerschneiden*
to change *wechseln* (auch *umsteigen*)
to chill *(ab)kühlen*
to clean *reinigen, säubern*
to dine *speisen, dinieren*
to fetch *holen*
to help *helfen*
to lay the table *den Tisch decken*
to look after, to take care of *sich kümmern um*
to sell *verkaufen*
to suggest *(spr.* sadschest) *vorschlagen*
to wait for *warten auf*
to write out *herausschreiben*
change *Kleingeld*
errand *Botengang*
magazine *Zeitschrift*
mail *Post (ein-, abgehende)*
newspaper, paper *Zeitung*
ready *fertig, bereit*
station *Bahnhof*
taxi *Taxi*
fire-alarm *Feuermelder*

Ü b u n g : What they do: The reception clerk enters the names of the guests and writes out the bills. The hallporter gives the guests the keys and the mail. The porter fetches the trunks at the station and brings them *(sie)* to the rooms.

The liftboy (elevator man) looks after the lift (elevator). The bellboy makes errands for the guests and calls the taxis. The chambermaid does the rooms, she makes the beds and baths ready. The switchboard operator answers the phone. The shoehine takes care of the shoes. The newsboy sells newspapers and magazines. The waiter lays the table and serves the guests. The headwaiter carves the meat.

Stelle Fragen und beantworte sie. Beispiele: What does a reception clerk do? What has a chambermaid to do? Who takes care of the rooms? Does a waiter lay the table? Doesn't a newsboy sell magazines?

Bilde verneinte Sätze. Beispiel: The liftboy does not answer the phone.

Eleventh (11th) lesson

Das Tätigkeitswort. Verlaufs- oder Dauerform

1. What do you do in the evening? In the evening I go to the theatre. *Was tun Sie am Abend? Am Abend gehe ich ins Theater.*
2. What are you doing there? I am laying the table. *Was tun Sie da (gerade)? Ich decke (gerade) den Tisch.*
3. What are you going to do now? I am going to call the manager. *Was werden Sie jetzt tun? Ich werde (will) den Geschäftsführer rufen.*

*Was allgemein, aber nicht gerade jetzt geschieht, wird durch die gewöhnliche Gegenwart ausgedrückt (Beispiel 1). Was gerade geschieht, wird durch die sogenannte Verlaufs- oder Dauerform wiedergegeben (Beispiel 2). Falls etwas unmittelbar bevorsteht, wird es ausgedrückt durch die Verlaufsform von „*to go*“ mit der vollen Grundform des betreffenden Tätigkeitswortes.*

*Die Verlaufsform besteht also aus einer Form von „*to be*“ und dem Mittelwort der Gegenwart des betreffenden Tätigkeitswortes. Dieses Mittelwort wird durch Anhängen der Endung „*-ing*“ an die Grundform gebildet. Endet letztere auf stummes „e“, so entfällt dieses:* to dine, dining. *Endet sie auf einfachen Mitlaut, dem ein einfacher, kurzer und be-*

tonter Selbstlaut vorausgeht, so wird der Mitlaut verdoppelt: to begin, beginning; *dagegen* to clean, cleaning; to cut, cutting; to get, getting; to put, putting; to shut, shutting; *dagegen* to eat, eating; to wait, waiting.

Das Mittelwort der Gegenwart steht auch für sich allein (Gerund) *und kann dann ein Hauptwort ersetzen:*

The headwaiter does the carving. *Der Oberkellner erledigt das Zerschneiden.*

No smoking (all**o**wed). *Rauchen nicht erlaubt, „Nichtraucher".*

Das Wetter (the weather)

to clear up *sich aufklären*
cat *Katze*
dog *Hund*
degr**ee** *Grad*
frost *Frost*
fog *(dichter) Nebel*
f**o**ggy *neblig*
like *wie*
only *nur*
rain *Regen*
to rain *regnen*
r**ai**ny *regnerisch*

n**a**sty *häßlich*
snow *Schnee*
to snow *schneien*
sun *Sonne*
to shine *scheinen (auch glänzen machen)*
th**u**nderst**o**rm, el**e**ctric storm } *Gewitter*
th**u**nder *Donner*
l**i**ghtning *Blitz*
sh**o**wer *Regenschauer*
umbr**e**lla *Regenschirm*

Redewendungen:

Nasty weather, isn't it? *Häßliches Wetter, nicht wahr?*
What is the weather like? *Wie ist das Wetter?*
The sun is shining. *Die Sonne scheint (gerade).*
It looks like rain. *Es sieht nach Regen aus.*
It is going to rain. *Es wird gleich regnen.*
It is raining. *Es regnet (jetzt).*
It is only a shower. *Es ist nur ein Regenschauer.*
It rains cats and dogs. *Es schüttet.*
Have you got an umbrella? *Haben Sie einen Regenschirm dabei?*
We have three degrees of frost. *Wir haben 3 Grad Kälte.*
It is clearing up. *Es klärt sich auf.*

Übung: *1. Übersetze mit Verwendung der Verlaufsform: Die Kellnerin deckt den Tisch. Der Oberkellner zerschneidet das Fleisch. Der Empfangschef schreibt eine Rechnung heraus. Ich gehe ins Hotel (zu einem H.). Ich warte auf das*

Zimmermädchen. Sie macht ein Bad fertig. Wir essen zu Abend. Der Kellner wird gleich servieren. Ich werde gleich bezahlen. Wir schließen jetzt. Wir werden gleich schließen. Es schneit. Wir werden gleich (etwas) Schnee kriegen (haben).

2. *Setze die Übung von Seite 31/32 in die Verlaufsform!*

Staatsangehörigkeit (Nationality)

G**e**rmany *Deutschland*	G**e**rman *deutsch, Deutsche(r)*
Bav**a**ria *Bayern*	Bav**a**rian *bayerisch, Bayer(in)*
Austria *Österreich*	**Au**strian österreichisch, *Österreicher(in)*
England *England*	**E**nglish *englisch*
Gr**ea**t Br**i**tain *Großbritannien*	Br**i**tish *britisch*
Un**i**ted K**i**ngdom (U.K.) *Vereinigtes Königreich*	
Ireland *Irland*	**I**rish *irisch*
Sc**o**tland *Schottland*	Scotch, Sc**o**ttish *schottisch*
Fr**a**nce *Frankreich*	Fr**e**nch *französisch*
Italy *Italien*	It**a**lian *italienisch, Italiener(in)*
R**u**ssia *Rußland*	R**u**ssian *russisch, Russe (Russin)*
Sw**i**tzerland *die Schweiz*	Sw**i**ss *schweizerisch, Schweizer(in)*
Un**i**ted States of Am**e**rica (U. S. A., U. S.), *Vereinigte Staaten von Amerika*	Am**e**rican *amerikanisch, Amerikaner(in)*

Eigenschaftswörter, die von Ländernamen abgeleitet sind, werden stets g r o ß *geschrieben.*

M e r k e : an **E**nglishman (Mehrzahl Englishmen) = *ein oder mehrere Engländer;* the **E**nglish = *die Engländer (in ihrer Gesamtheit als Nation). Ebenso:* Fr**e**nchman, Fr**e**nchmen = *Franzose, Franzosen;* the French = *die Franzosen;* **I**rishman, the **I**rish; Sc**o**tchman, the Scotch.

Ü b u n g : I am a German. This is Bavarian beer, isn't it? You are an Austrian, aren't you? She is an American lady. You don't speak French, do you? I like French wine. The English like tea, the Americans like coffee. There are three Englishmen and five Americans at our hotel, but no Frenchmen. Where are you going? I am going to France. You like France and the French, don't you? Oh yes, I do.

Where is English spoken?

is sp**o**ken *wird gesprochen*
offi**c**ial *offiziell*
l**a**nguage *Sprache*
dom**i**nion *Kolonie mit Selbstverwaltung*
c**o**lony *Kolonie*
Austr**a**lia *Australien*
C**a**nada *Kanada*
India *Indien*
New Z**ea**land *Neuseeland*
South **A**frica *Südafrika*

English is not only spoken in Great Britain and in the United States of America, but it is also the official language in the British dominions and colonies (Australia, Canada, India, New Zealand, South Africa etc.).

Twelfth (12th lesson)

Das Eigenschaftswort

1. This is a clean glass, those are dirty glasses. *Dies ist ein sauberes Glas, das sind schmutzige Gläser.*
2. This is a strong cigar. And that? That is a mild **one.** *Dies ist eine starke Zigarre. Und das? Das ist eine leichte.*
3. This is a **silver** spoon. *Dies ist ein silberner Löffel.*
   Have you any **London** newspapers? *Haben Sie irgendwelche Londoner Zeitungen?*

Das Eigenschaftswort verändert sich weder nach Geschlecht noch nach Zahl (Beispiel 1). Es kann im allgemeinen nicht allein stehen und erhält, falls man das Hauptwort nicht wiederholen will, das „Stützwort" one (*Mehrzahl* ones). *Beispiel 2.*

Stoff- und Städtenamen können ohne Endung als Eigenschaftswörter vor Hauptwörter gesetzt werden (Beispiel 3).

Weitere Eigenschaftswörter

bad *schlecht, schlimm*
bea**u**tiful *schön*
cheap *billig*
clean *sauber*
c**o**mfortable *bequem*
dark *dunkel*
dear *lieb, teuer*
dirty *schmutzig*
empty *leer*
exp**e**nsive *kostspielig*
fast *schnell*
full *voll*
high *hoch*
hard *hart*

hot *heiß (auch scharf gewürzt)*
interesting *interessant*
light *hell*
long *lang*
loud *laut*
near *nahe*
new *neu*
noisy *geräuschvoll*
polite *höflich*
short *kurz (klein, von Wuchs)*
slow *langsam*
soft *weich*
sweet *süß*
young *jung*
too *zu (zu sehr)*
very *sehr*
„groß„ wird übersetzt mit:
big *groß (umfangreich, dick, stark)*
great *groß (bedeutend, besonders geistig)*
large *groß (räumlich g., ausgedehnt)*
tall *groß (von Wuchs)*
„klein" wird übersetzt mit.
little *klein (unbedeutend, entspricht der deutschen Endsilbe „-chen", „-lein")*
small *klein (räumlich)*
short *klein (von Wuchs)*
„leicht" wird übersetzt mit:
easy *leicht (zu tun)*
light *leicht (von Gewicht)*
slight *leicht (geringfügig)*
„schwer" wird übersetzt mit:
difficult *schwer (schwierig)*
hard *schwer (zu tun)*
heavy *schwer (von Gewicht, auch schwer verdaulich)*
Farben:
blue *blau*
green *grün*
grey, gray *grau*
pink *rosa*
red *rot*
violet *violett*
yellow *gelb*

Übung: I have a comfortable room. It is not too expensive. This magazine is very interesting, isn't it? Waiters must be polite. I do not like dark rooms. Waiter, this glass is dirty. I am sorry, sir, here is a clean one. I know a little restaurant with cheap meals. I only take a light meal at noon, meat is too heavy. What colour is ham? It is pink. What colour are tomatoes? They are red. Hotel Victoria is a small hotel, but hotel Cecil is a very big one; it has ninety-five rooms. This is your room, isn't it? No, sir, you are wrong, my room is on the second floor.

Thirteenth (13th) lesson

Das Eigenschaftswort. Steigerung

1. The manager is **older than** the waiter. *Der Geschäftsführer ist älter als der Kellner.*

2. The waiter is **not so old as** the manager. *Der Kellner ist n i c h t s o a l t w i e der Geschäftsführer.*
3. The waiter is **as old as** the manager. *Der Kellner ist s o a l t w i e der Geschäftsführer.*
4. The hallporter is the **oldest** employee. *Der Hotelportier ist der älteste Angestellte.*
5. Dinner is **more important** than lunch; it is the **most important** meal. *Das Abendessen ist wichtiger als das Mittagessen; es ist die wichtigste Mahlzeit.*

Die meisten Eigenschaftswörter (alle einsilbigen und viele zweisilbige) werden im Englischen wie im Deutschen durch Anhängen von „er" *und* „est" *gesteigert (Beispiele 1 und 4). Endet das Eigenschaftswort auf einen einfachen Mitlaut, dem ein einfacher, kurzer und betonter Selbstlaut vorausgeht, so wird der Mitlaut verdoppelt:*

big, bi**gg**er, bi**gg**est; hot, ho**tt**er, ho**tt**est; *dagegen* sweet, sweeter, sweetest.

Endungs-y, dem ein Mitlaut vorausgeht, wird in „i" *verwandelt:*

dirty, dirt**ier**, dirt**iest**; early, earl**ier**, earl**iest.**

Manche zweisilbige und alle drei- und mehrsilbigen Eigenschaftswörter werden durch Vorsetzen von „more" *und* „most" *gesteigert (Beispiel 5).*

„Als" heißt bei Steigerung „than" *(Beispiel 1 und 5); „so" und „wie" heißen bei Vergleich „as" (Beispiel 3); „nicht so . . . wie" heißt* „not so . . . as" *(Beispiel 2); (neuerdings auch oft* „not as . . . as"*).*

Unregelmäßige Steigerung

Wie im Deutschen „gut" und „viel", werden auch im Englischen einige Eigenschaftswörter unregelmäßig gesteigert:

good (well), better, best, *gut, besser, am besten*
bad (ill), worse, worst *schlecht, schlechter, am schlechtesten (schlimm, schlimmer, am schlimmsten)*
much (many), more, most *viel (viele), mehr, am meisten*
little, less, least *w e n i g , weniger, am wenigsten*
near, nearer; *unterscheide:* nearest *(räumliche Entfernung, z. B.* the nearest hotel)
next *(Reihenfolge, z. B.* the next lesson)

late, later; *unterscheide:* latest *(zeitlich, z. F.* the latest news *die jüngsten Nachrichten)*
last *(Reihenfolge, z. B.* the last lesson)

M e r k e :

the **very** best hotel *das allerbeste Hotel*
by far the best hotel *bei weitem das beste Hotel*
the cheaper **the** worse *je billiger, desto schlechter*
so much the better }
all the better } *um so besser*
colder and colder *i m m e r kälter*
more and more interesting *i m m e r interessanter*
last (but) not least *zuletzt, aber nicht zum mindesten*

Ü b u n g : In this restaurant they only serve *(serviert man nur)* the very best wines. Are French wines better than German wines? Is this hotel cheaper than that one? The weather is getting colder and colder. Fog is worse than rain. I have less time than you. Who is taller than I *(Umgangssprache:* than me)? John is taller, he is the tallest. There is not so (not as) much wine in this bottle as in that one. Lunch is not so important as dinner. New York is larger (bigger) than London. The more you eat and drink, the more you have to pay.

English Money (see page 47)

pound (£)	*Pfund*
(new) penny (p)	*Penny*
pence	*Mehrzahl von penny*
halfpenny (1/2 p) (*spr.* hejpni)	*halber Penny*
unit	*Einheit*
currency	*Währung*
its	*sein (von einer Sache)*
value	*Wert*
about	*ungefähr, ca., um*
divided	*geteilt*
coin	*Münze*
made of bronze	*(gemacht) aus Bronze*
cupro-nickel	*Kupfernickellegierung*

American Money

d**o**llar ($)	*Dollar*
cent (c)	*Cent*
half-dollar (50 c)	*halber Dollar*
qu**a**rter-dollar (25 c)	*Vierteldollar*
dime (10 c)	*Zehn-Cent-Stück*
n**i**ckel (5 c)	*Fünf-Cent-Stück*
part	*Teil*
m**o**netary s**y**stem	*Geldsystem, Währung*
worth	*wert, Wert*
s**i**lver	*Silber*
while	*während*
pr**o**verb	*Sprichwort*
s**e**rvant	*Diener, Dienstbote*
m**a**ster	*Herr, Gebieter*

The unit of Great Britain's currency is the pound. Its value is about 4 German marks. A pound is divided into 100 (new) pence. There are three coins made of bronze (½ p, 1 p, 2 p) and three coins made of cupro-nickel (5p, 10 p and 50 p). A penny is the hundredth part of a pound.

The unit of the U.S. monetary system is the dollar, worth about 2 marks 70. A dollar has one hundred cents. There are silver coins: the half-dollar, the quarter-dollar and the dime, while the five-cent piece is made of nickel and the cent of bronze.

An English proverb says: Money is a good servant, but a bad master.

Fourteenth (14th) lesson

Die besitzanzeigenden Fürwörter

I have **my** key (**my** keys) *ich habe meinen Schlüssel (meine Schlüssel)*

you have **your** key (**your** keys) *du hast deinen Schlüssel (deine Schlüssel)*

he has **his** key (**his** keys) *er hat seinen Schlüssel (seine Schlüssel)*

she has **her** key (**her** keys) *sie hat ihren Schlüssel (ihre Schlüssel)*

it (the room) has **its** key (**its** keys) *es (das Zimmer) hat seinen Schlüssel (seine Schlüssel)*

we have **our** key (**our** keys) *wir haben unseren Schlüssel (unsere Schlüssel)*

you have **your** key (**your** keys) *Sie haben Ihren Schlüssel (Ihre Schlüssel) (ihr habt euren Schlüssel, eure Schlüssel)*
they have **their** key (**their** keys) *sie haben ihren Schlüssel (ihre Schlüssel)*

Die besitzanzeigenden Fürwörter werden wie Eigenschaftswörter weder nach Zahl noch nach Geschlecht des mit ihnen verbundenen Hauptwortes verändert.

Merke: What have you in **your** hand? *Was haben Sie in der Hand?*
He cut **his** finger *er schnitt sich in den Finger.*

Das besitzanzeigende Fürwort wird oft an Stelle eines deutschen bestimmten Geschlechtswortes oder eines rückbezüglichen Fürwortes gebraucht.

Außer den obigen, als Beifügung gebrauchten besitzanzeigenden Fürwörtern gibt es noch solche, die an Stelle von Hauptwörtern gebraucht werden. Diese haben nie den Artikel und dürfen nie mit einem Hauptwort verbunden werden. Sie lauten:

mine *der (die, das) meinige, die meinigen*
your**s** *der (die, das) deinige, die deinigen*
his *der (die, das) seinige, die seinigen*
her**s** *der (die, das) ihrige, die ihrigen*
our**s** *der (die, das) unsrige, die unsrigen*
your**s** *der (die, das) Ihrige, die Ihrigen (eurige, eurigen)*
their**s** *der (die, das) ihrige, die ihrigen*

This is not your key, it is **mine** *dies ist nicht dein (Ihr) Schlüssel, es ist der meinige.*

These are not your keys, they are **mine** *dies sind nicht deine (Ihre Schlüssel, es sind meine (die meinigen).*

Merke: he is a friend of mine (= one of my friends) *er ist einer meiner Freunde.*

Die Familie (the family)

p**a**rents *Eltern*
f**a**ther *Vater*
m**o**ther *Mutter*
son *Sohn*
d**au**ghter *Tochter*
br**o**ther *Bruder*
uncle *Onkel*
aunt *Tante*
n**e**phew (*spr.* n**e**fju) *Neffe*
niece *Nichte*
c**ou**sin *Vetter, Kusine*
h**u**sband *Ehemann, Gatte*

sister *Schwester*
wife (*Mehrzahl* wives) *Gattin*
girl *Mädchen*
gr**a**ndp**a**rents *Großeltern*
gr**a**ndf**a**ther *Großvater*
gr**a**ndm**o**ther *Großmutter*
gr**a**nds**o**n *Enkel(sohn)*
gr**a**ndd**au**ghter *Enkelin*
br**o**ther-in-l**a**w *Schwager*
s**i**ster-in-l**a**w *Schwägerin*
p**a**rents-in-l**a**w *Schwiegereltern*
f**a**ther-in-l**a**w *Schwiegervater*
m**o**ther-in-l**a**w *Schwiegermutter*
rel**a**tion, r**e**lative } *Verwandter*
friend *Freund, Freundin*
acqu**ai**ntance *Bekannter, Bekanntschaft*
each *jeder (einzelne), aus einer bestimmten Anzahl*
every *jeder (beliebige)*
own *eigene(r), eigenes*
f**a**shionable *modern, vornehm*
elder *ältere*, **e**ldest *älteste* } *anstatt* older *und* oldest *bei Geschwistern*
home *Heim, Haus, heim, nach Hause*
at home *daheim, zu Hause*
school (*spr.* skul) *Schule*
to school *zur Schule*
at school *in der Schule*
to want *wünschen, wollen, brauchen*
to bec**o**me *werden*
too *(nachgestellt) auch*

Ü b u n g : Our restaurant is smaller than yours, but it is more comfortable. Which hotel is the bigger, yours or mine? Mine is bigger, it has five floors, yours has only three. Are there phones in your rooms? Oh yes, each room has its own.

My father is a headwaiter in a fashionable restaurant. My mother is a chambermaid. I am a bellboy. I have two brothers and one sister. My elder brother is a reception clerk. He speaks English, French, and Italian. My sister takes care of our home, she does the cooking. My younger brother is only twelve years old. He goes to school. He wants to become a waiter, too. I should like to become the manager of a big hotel, like my uncle.

Fifteenth (15th) lesson

D a s Z a h l w o r t

Wiederholende Zusammenstellung

1 one	5 five	9 nine	13 thirteen
2 two	6 six	10 ten	14 fourteen
3 three	7 seven	11 eleven	15 fifteen
4 four	8 eight	12 twelve	16 sixteen

17 seventeen
18 eighteen
19 nineteen
20 twenty
21 twenty-one
22 twenty-two *usw.*
30 thirty
40 forty
50 fifty
60 sixty
70 seventy
80 eighty
90 ninety

100 **a (one)** h**u**ndred
101 **one** hundred **and** one
102 **one** hundred **and** two
175 **one** hundred **and** seventy-five
200 two hundred
1000 **a (one)** th**ou**sand
1800 **one** thousand **and** eight hundred *oder* eighteen hundred
1,000,000 **a (one)** m**i**llion

Merke: *Die Zehner (oder falls solche nicht vorhanden, die Einer) werden mit der höheren Zahl durch* „and“ *verbunden. (In der Umgangssprache fällt* „and“ *häufig weg.)*

Hundred, thousand *und* million *haben immer* „a“ *oder* „one“ *vor sich, letzteres besonders, wenn die Einheit betont werden soll und wenn andere Zahlen folgen.*

Jahreszahlen, z. B. 1949, werden gelesen: nineteen hundred and forty-nine *oder einfach* nineteen forty-nine. *„Im Jahre“* = in.

Zeit (time)
s**e**cond *Sekunde*
m**i**nute *Minute*
an hour *eine Stunde*
day *Tag*
h**o**liday *Feiertag*
holidays *Ferien, Urlaub*
b**i**rthday *Geburtstag*
week *Woche*
f**o**rtn**i**ght *vierzehn Tage*
month *Monat*
s**ea**son *Jahreszeit*
year *Jahr*
half an hour / a half-hour *eine halbe Stunde*
three months *ein Vierteljahr*
six months *ein halbes Jahr*
nine months *dreiviertel Jahr*
tod**a**y *heute*
y**e**sterday *gestern*
the day bef**o**re yesterday *vorgestern*
tom**o**rrow *morgen*
the day after tomorrow *übermorgen*
the other day *neulich*

Monday *Montag*
Tuesday *Dienstag*
Wednesday *Mittwoch*
Thursday *Donnerstag*
Friday *Freitag*
Saturday *Samstag*
Sunday *Sonntag*
spring *Frühling*
summer *Sommer*
autumn (*amerik.* fall) *Herbst*
winter *Winter*

January *Januar*
February *Februar*
March *März*
April *April*
May *Mai*
June *Juni*
July *Juli*
August *August*
September *September*
October *Oktober*
November *November*
December *Dezember*

Wiederhole die Ordnungszahlen!

Übung: Today is Monday. Monday is the first day of the week. What (which) day was yesterday and the day before? Which is the last month of the year? How many days has January (February, April)? How many days has a week (a year)? When are the days longer, in summer or in winter? Which season do you like best? In which month are the hottest days? How many months has each season?

Today is the twenty-second of February. This day (today) week is the first of March; this day fortnight is the eighth of March. Which day is your birthday? My birthday is on the fifteenth of December. The day after tomorrow is a holiday.

Datum in Briefen: Munich, May 1st, 1980; London, August 15, 1979.

Sixteenth (16th) lesson

Zeitangabe (telling the time)

watch *Taschen-, Armbanduhr*
clock *Turm-, Zimmeruhr*
o'clock *Uhr (bei Zeitangabe)*
past *nach (bei Zeitangabe)*
to *vor, (bei Zeitangabe)*
exact, exactly, sharp *genau*
a. m. } *nach Zeitangabe: vor-*
p. m. } *mittags, nachmittags*

to rely on *sich verlassen auf*
to wind up *aufziehen*
to stop *stehen bleiben*
watchmaker *Uhrmacher*
to repair *reparieren*
out of order *nicht in Ordnung, kaputt*
by *auf (bei Zeitangabe)*

R e d e w e n d u n g e n :

my watch is (ten minutes) slow *meine Uhr geht (10 Min.) nach*
this clock is (5 minutes) fast *diese Uhr geht (5 Min.) vor*
it is 2 o'clock *es ist 2 Uhr*
ten (minutes) past 2, *oder* two ten *10 Min. nach 2 Uhr, 2 Uhr 10*
a quarter past 2, *oder* two fifteen *ein Viertel nach 2, 2 Uhr 15*
half **past 2,** *oder* two thirty, *h a l b 3 Uhr, 2 Uhr 30*
twenty (minutes) to 3, *oder* two forty *20 Min. vor 3, oder 2 Uhr 40*
a quarter to 3, *oder two* forty-five *d r e i v i e r t e l 3, 2 Uhr 45*
five minutes to 3, *oder* two fifty-five *5 Min. vor 3, 2 Uhr 55*

Bahnzeit: 9^{34} (a. m.) = nine thirty-four (a. m.)
21^{34} = twenty-one thirty-four hours

Bei Zeitangaben wird bis „halb" einschließlich zur v o r - h e r g e h e n d e n Stunde gezählt; wenn „halb" überschritten ist, von der folgenden Stunde abgezogen. Merke: the five twenty train, *der Zug um 5 Uhr 20.*

Ü b u n g : Which is your dinner-hour? We have dinner at seven. Is your watch right? No, sir, it is a little slow. Mine is always 5 minutes fast. What time is it by your watch, Mr. Smith? I am sorry, my watch has stopped, it is out of order, I must take it to the watchmaker's *(zu ergänzen* „shop" = *Laden).* Can you tell me the exact time? Yes, madam, it is exactly five minutes past eight. Can you rely on your watch? I can, when I wind it up every evening.

Ü b e r s e t z e : *Wir essen zu Abend um 7 Uhr (dreiviertel 7, viertel nach 7, halb 8). Wann wird der Tee serviert? Tee wird zwischen halb 5 und halb 6 Uhr serviert. Geht diese Uhr vor? Nein, mein Herr, sie geht recht. Es ist genau 5 Minuten nach (!) halb 8 Uhr. Welchen Zug nehmen Sie? Den Zug um 8 Uhr 12. Wer kann mir die genaue Zeit sagen? Ich kann, gnädige Frau. Es ist 10 Minuten nach 3 (5 Minuten vor [!] halb 4, dreiviertel 4, 5 Min. vor 4, genau 4 Uhr).*

Feiertage (festivals)
New Year's Day *Neujahrstag*
Easter *Ostern*
Wh**i**tsun(day) *Pfingsten*
Chr**i**stmas (Xmas) *Weihnachten*
to **ce**lebrate *feiern*
m**a**rriage *Ehe*
w**e**dding *Hochzeit*

bank holiday *in England gesetzlicher Feiertag (siehe unten)*
to box *in eine Schachtel tun*

name-day *Namenstag*
anniv**e**rsary *Jahrestag*

There are four so-called bank holidays in England: Easter Monday, Whit Monday, the first Monday in August, and Boxing Day (26th Dec.).

Here are some American festivals: Washington's birthday on Feb. 22, Independence Day *(Unabhängigkeitstag)* on July 4, and Thanksgiving Day *(Dankfest)* on the last Thursday in November. These are official holidays.

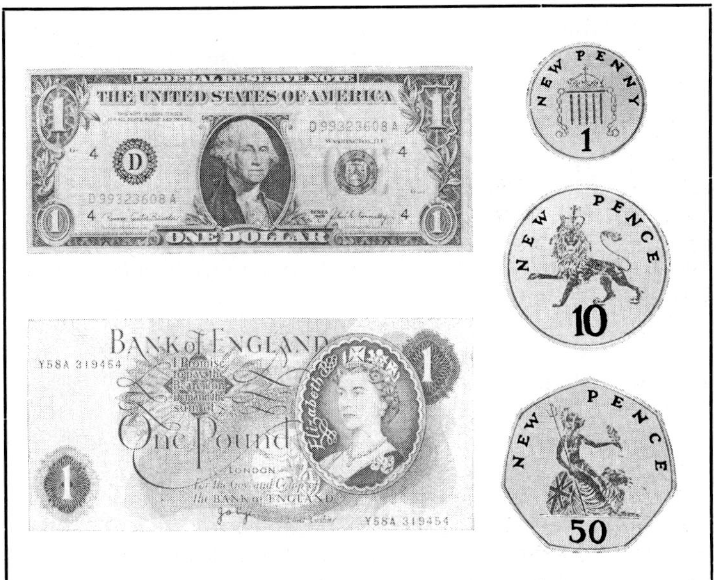

II. Teil

Seventeenth (17th) lesson

V e r g a n g e n h e i t d e r H i l f s z e i t w ö r t e r

1. Einfache Vergangenheit (Imperfekt)

To be: I **was** *ich war*
you **were** *du warst*
he (she, it) was *er (sie, es) war*
we were *wir waren*
you were *ihr wart, Sie waren*
they were *sie waren*

Nur das Hilfszeitwort „to be“ hat in der einfachen Vergangenheit *(Imperfekt) zwei Formen:* „was“ *(war)* und „were“ *(warst, waren, wart).*

Alle übrigen Hilfszeitwörter haben nur *e i n e* *Form für alle Personen der Einzahl und Mehrzahl. Diese Formen sind für:*

to have: „had“ = *hatte, hattest, hatten, hattet*
to do: „did“ = *tat, tatest, taten, tatet*
can: „could“ *(spr.* kud*)* = *konnte, konntest usw. (auch könnte usw.)*
may: „might“ = *durfte, durftest usw. (auch könnte usw).*

Zusammenziehungen: wasn't, weren't; I'd, you'd *usw. ich hatte usw.*; hadn't; didn't; couldn't; mightn't *(letzteres seltener).*

2. Zusammengesetzte Vergangenheit (Perfekt)

To be: I **have been** *ich* *b i n* *gewesen*
you have been *du bist gewesen*
he (she, it) has been *er (sie, es) ist gewesen*
we have been *wir sind gewesen*
you have been *ihr seid gewesen, Sie sind gewesen*
they have been *sie sind gewesen*
to have: I have **had** *ich habe* *g e h a b t* *usw.*
to do: I have **done** *ich habe* *g e t a n* *usw.*

3. Vorvergangenheit (Plusquamperfekt)

To be: I **had** been *ich war gewesen*
you had been *du warst gewesen usw.*
to have: I had had *ich hatte gehabt usw.*
to do: I had done *ich hatte getan usw.*

Die zusammengesetzten Formen der Vergangenheit werden für alle Hilfszeitwörter (und Tätigkeitswörter) stets mit „to have" *gebildet.*

Merke: **you had** (you'd) **better ask** the manager *du tätest besser daran, den Geschäftsführer zu fragen*
have you **done serving?** *Sind Sie mit dem Auftragen fertig?*
How long **have you been** in Munich? *Wie lange sind Sie schon in München?*
I **have lived** in Munich since 1955. *Ich wohne in München seit 1955.*

Gebrauch der Vergangenheitsformen: Alle in der Vergangenheit abgeschlossenen Geschehnisse erzählt der Engländer in der einfachen Vergangenheit (Imperfekt). Es wäre also falsch, den Satz „Gestern bin ich in Starnberg gewesen" wörtlich zu übersetzen: „Yesterday I have been at Starnberg"! *Richtig:* Yesterday I was at Starnberg.

Die 2. Vergangenheit (I have been *usw.*) *verwendet man nur, wenn die in der Vergangenheit begonnene Handlung bis in die Gegenwart hereinreicht. Daher steht sie auch gelegentlich, wo im Deutschen die Gegenwart steht* (I have lived... *ich wohne seit...).*

Natürlich gibt es auch die sogenannte Verlaufsform in der Vergangenheit. Sie drückt aus, daß eine Handlung zu einem bestimmten Zeitpunkt gerade geschah oder gleichzeitig mit einer anderen Handlung verlief:

What **were** you **doing** last night at 8 o'clock?

I **was reading** a magazine while the reception clerk **was writing** out my bill.

I **was going to** call the manager, when the landlord entered. *Ich wollte gerade den Geschäftsführer rufen, als der Besitzer eintrat.*

I **have been waiting** for you these two hours. *Ich warte schon zwei Stunden auf dich.*

Weitere Lokale:

bar *Schenke, Theke*
bartender, barman *Barmann, Büfettkellner*
barmaid *Büfettmädchen* (maid *Dienstmädchen*)
café, coffeehouse *Kaffee(haus)*
cafeteria *Restaurant mit Selbstbedienung*
self-service *Selbstbedienung*
eating-house *Restaurant*
grill-room *Gaststätte, in der das Fleisch gegrillt wird*
inn *Gasthof, Gasthaus (nicht in Großstädten)*
innkeeper *Gastwirt*
luncheon-bar *Mittagsrestaurant*
public-house *Wirtshaus, Kneipe (abgekürzt „pub")*
refreshment room *Erfrischungsraum*
table d'hote *nach festem Menü und Preis*
boarding house *Pension*
board and residence *Kost und Unterkunft*
boarder *Pensionsgast*
saloon, saloon bar *(amer.) Schenke, Kneipe*
saloonkeeper *Wirt, Schankwirt*
snackbar *Imbißraum*
snack *kurze Mahlzeit, Imbiß*
quicklunch restaurant *Schnellgaststätte*
quick *schnell*
tavern *Schenke, Ausschank*
tearoom *Teestube*
to enjoy *genießen, schmecken*
to cater for *versorgen*
to accommodate *unterbringen*
accommodation *Unterbringung, Unterkunft*
to move in *einziehen*
to put up at *absteigen, einkehren, unterbringen*
to stay *bleiben, sich aufhalten*
block *Häuserblock*

Übung: Where were you yesterday? I was at Landshut. I had some important errands to do for my boss. I could not go home for dinner, so I had a quick lunch at a snackbar. Could you give me some coppers? Here are some. Was there a refreshment room at the station?

Übersetze: *Wo sind Sie abgestiegen (2. Vergangenheit)? Wie lange sind Sie schon in jenem Hotel? Sind Sie je* (ever) *in einem Restaurant mit Selbstbedienung gewesen? Ich bin mit dem Lesen fertig. Wir täten besser daran, den Aufzug zu nehmen. Du könntest (dürftest) recht haben.*

Übersetze die 1. Übung der 11. Lektion in die 1. Vergangenheit, unter Verwendung der Verlaufsform!

Eighteenth (18th) lesson

Vergangenheit der regelmäßigen Tätigkeitswörter

Man erhält die einfache Vergangenheit der regelmäßigen Tätigkeitswörter durch Anhängen der Endung -ed *an die Grundform; die so erhaltene Form gilt für alle Personen der Einzahl und Mehrzahl:*

1. open — opened (*spr.* **o**pend) *öffnete, öffnetest usw.*
2. look — looked (*spr.* lukt) *schaute, schautest usw.*
3. want — wanted (*spr.* w**o**ntid) *wünschte, wünschtest usw.*
4. live — lived (*spr.* livd) *wohnte, wohntest usw.*

*Aussprache: Nach Selbstlauten und weichen Mitlauten wird die Endsilbe „*ed*" wie „*d*", nach harten Mitlauten wie „*t*" gesprochen. Endet das Tätigkeitswort selbst schon auf „*d*" oder „*t*" (Beispiel 3), so wird die Endsilbe „*ed*" wie „*id*" gesprochen. Endet das Tätigkeitswort auf verstummtes „*e*", so wird nur „*d*" angehängt.*

5. stop — stopped *blieb stehen usw.*
6. try — tried *versuchte usw.*

Besonderheiten: Für die Verdopplung der Endmitlaute (Beispiel 5) gilt dieselbe Regel wie beim Anhängen der Endung -ing *(11. Lektion); für die Verwandlung des „*y*" in „*i*" gilt das bei der Endung* -s *Gesagte (7. Lektion, S. 25).*

Die durch Anhängen von -ed *an das Tätigkeitswort erhaltene Form ist zugleich das sogenannte Mittelwort der Vergangenheit, mit dessen Hilfe man die zusammengesetzten Zeiten der Vergangenheit bildet (stets mit „*to have*"!):*

opened = *geöffnet;* looked = *geschaut;* wanted = *gewünscht usw.*

I have opened *ich habe geöffnet;* I had opened *ich hatte geöffnet.*

I **have** entered *ich b i n eingetreten;* I **had** entered *ich w a r eingetreten.*

Gebrauch der Zeiten: Gleiche Regeln wie für die Hilfszeitwörter (Lektion 16).

*Verneinung und Frage: Wie bei der Gegenwart, jedoch anstatt „*do*" und „*does*" wird „*did*" verwendet:*

I **did** not (didn't) open *ich öffnete nicht usw.*
did you open? *öffnetest du? (hast du geöffnet?)*
did he not open (didn't he open)? *öffnete er nicht?*

Weitere Tätigkeitswörter:

zu 1.	to play *spielen* to offer *anbieten*	*zu 2.*	to finish *beenden* to knock *klopfen* to walk *zu Fuß gehen*
zu 3.	to accept *annehmen* to expect *erwarten* to lift *aufheben*	*zu 4.*	to arrive *ankommen* to excuse *entschuldigen* to promise *versprechen* to pronounce *aussprechen*
zu 5.	to drop *fallen lassen* to beg *bitten* to prefer *vorziehen*	*zu 6.*	to carry *tragen (Last)* to hurry *eilen* to occupy *besetzen*

Bilde Sätze mit vorstehenden Tätigkeitswörtern, ebenso mit den Tätigkeitswörtern der 7. und 10. Lektion, in allen Zeiten der Vergangenheit, vor allem der einfachen Vergangenheit (Imperfekt), sowie der Verlaufsform, auch verneint und fragend!

Getränke (beverages):

beverage, drink } *Getränk*
soft drink *alkoholfreies Getränk*
mineral water *Mineralwasser*
soda water *Selterswasser*
lemon squash *Natur(zitronen)limonade*
lime juice *Limonensaft*
orangeade *Orangenlimonade*
ginger-beer *Ingwerlimonade*
cider *Apfelwein*
beer *Bier*
ale, pale ale *helles Bier*
stout, porter } *dunkles Bier*
lagerbeer *leichteres Bier*
draught (*spr.* draaft) beer *Bier vom Faß*

wine *Wein*
white wine *Weißwein*
hock *deutscher Weißwein, Rheinwein*
moselle *Moselwein*
red wine *Rotwein*
claret *französischer Rotwein*
port *Portwein*
champagne *Sekt, Champagner*
liquors, spirits } *geistige Getränke, Spirituosen*
liqueur *Likör*
brandy *Kognak, Branntwein*
gin *Wacholderbranntwein*
whisky *Whisky, Kornbranntwein*
rum *Rum*
cherry brandy *Kirschlikör*

cocktail *alkoholisches Mischgetränk*
grog } *Grog*
toddy }
punch *Punsch*

wine-list *Weinkarte*
bottle *Flasche*
half-bottle *halbe Flasche*
dry *trocken (Wein)*
fruity *fruchtig*
full-bodied *schwer (Wein)*
mature *gereift*
to sparkle *perlen, schäumen*
to stand a round *eine Runde zahlen*
to pour out *einschenken*
anything *etwas, irgend etwas*
kind, sort *Art, Sorte*
difference *Unterschied*

Merke: a bottle **of** wine *eine Flasche Wein*
a glass **of** beer *ein Glas Bier*
dagegen: a wine-glass *ein Weinglas*

Übung: Anything to drink, sir? Yes, bring me some beer, please. What sort of beer do you want, sir? We have ale, stout, and porter. What is the difference between stout and porter? Stout is stronger and dearer than porter. Then bring me a glass of stout.

Let's enter that tavern. I'll (= I will, *ich will*) stand you a round. What would you like to drink, Tom? A glass of Scotch (whisky), please. And you, Jim? I prefer a glass of brandy. And for you, sir? Whisky and soda, please.

Waiter, how much ist it altogether *(zusammen)?* Well, you had two glasses of Scotch and two glasses of brandy. That is £ 4.10 (four pounds, ten pence) together. Here are five pounds, give me fifty pence back and keep the rest. Thank you so much, sir. Good-bye, sir.

Nineteenth (19th) lesson

Vergangenheit der unregelmäßigen Tätigkeitswörter

Viele englische Tätigkeitswörter, besonders solche, die sehr häufig gebraucht werden, richten sich bei der Bildung der Vergangenheitsformen nicht nach der in der 17. Lektion gegebenen Regel, sondern haben eigene, unregelmäßige Formen. Man muß also bei diesen Tätigkeitswörtern zur Grund-

form noch zwei Formen hinzulernen, die Form der einfachen Vergangenheit (Imperfekt) und das Mittelwort der Vergangenheit. Nachstehend werden die „Kennformen" der bisher gelernten unregelmäßigen Tätigkeitswörter gegeben. In den folgenden Lektionen werden jedem neuhinzukommenden unregelmäßigen Tätigkeitswort die Kennformen angefügt.

Grundform	1. Vergangenheit	Mittelwort der Vergangenheit
to become *(werden)*	became *(wurde)*	become *(geworden)*
to begin *(beginnen)*	began *(begann)*	begun *(begonnen)*
to bring *(bringen)*	brought *(brachte)*	brought *(gebracht)*
to buy *(kaufen)*	bought *(kaufte)*	bought *(gekauft)*
to cut *(schneiden)*	cut *(schnitt)*	cut *(geschnitten)*
to drink *(trinken)*	drank *(trank)*	drunk *(getrunken)*
to eat *(essen)*	ate, eat *(aß)*	eaten *(gegessen)*
to get *(bekommen)*	got *(bekam)*	got *(bekommen)*
to give *(geben)*	gave *(gab)*	given *(gegeben)*
to go *(gehen)*	**went** *(ging)*	gone *(gegangen)*
to hear *(hören)*	heard *(hörte)*	heard *(gehört)*
to keep *(behalten)*	kept *(behielt)*	kept *(behalten)*
to know *(wissen)*	knew *(wußte)*	known *(gewußt)*
to lay *(legen)*	laid *(legte)*	laid *(gelegt)*
to make *(machen)*	made *(machte)*	made *(gemacht)*
to pay *(bezahlen)*	paid *(bezahlte)*	paid *(bezahlt)*
to put *(stellen)*	put *(stellte)*	put *(gestellt)*
to ring *(läuten)*	rang *(läutete)*	rung *(geläutet)*
to say *(sagen)*	said (*spr.* sed) *sagte*	said *(gesagt)*
to see *(sehen)*	saw *(sah)*	seen *(gesehen)*
to sell *(verkaufen)*	sold *(verkaufte)*	sold *(verkauft)*
to shine *(scheinen)*	shone *(schien)*	shone *(geschienen)*
to show *(zeigen)*	showed *(zeigte)*	shown *(gezeigt)*
to shut *(schließen)*	shut *(schloß)*	shut *(geschlossen)*
to speak *(sprechen)*	spoke *(sprach)*	spoken *(gesprochen)*
to stand *(stehen)*	stood *(stand)*	stood *(gestanden)*
to take *(nehmen)*	took *(nahm)*	taken *(genommen)*
to tell *(erzählen)*	told *(erzählte)*	told *(erzählt)*
to understand *(verstehen)*	understood *(verstand)*	understood *(verstanden)*

Grundform	1. Vergangenheit	Mittelwort der Vergangenheit
to wind up *(aufziehen)*	wound *(zog)*	wound up *(aufgezogen)*
to write *(schreiben)*	wrote *(schrieb)*	written *(geschrieben)*

Merke: What **has** become of Mr. Smith? *Was ist aus Herrn Smith geworden?*
Mr. Brown **has** gone out. *Herr Brown ist ausgegangen.*

Tätigkeitswörter lateinischer (französischer) Herkunft sind fast immer regelmäßig, z. B. to accept, to arrive, to excuse, to order *usw.*

Übersetze: *Wir begannen mit einer Suppe. Dann brachte der Kellner etwas Fleisch mit Kartoffeln und Gemüse. Wir schnitten das Fleisch. Wir tranken eine Flasche Rheinwein. Der Kellner stellte zwei Weingläser auf den Tisch. Wir bestellten auch etwas Obst als Nachtisch. Der Oberkellner schrieb eine Rechnung aus und gab sie uns* (to us). *Wir bezahlten und gaben dem Kellner ein Trinkgeld. Er freute sich sehr und fragte: „Hat Ihnen das Essen geschmeckt?"*

Twentieth (20th) lesson

Beugung des Hauptwortes

1. The waiter serves the soup. *Der Kellner (wer?) trägt die Suppe auf.*
2. a) This is the **restaurant of** Mr. Brown.
   b) This is Mr. **Brown's restaurant.**
   } *Dies ist Herrn Browns Restaurant (wessen?).*
   c) I close the windows **of** my room. *Ich schließe die Fenster meines Zimmers.*
3. a) This restaurant belongs **to** Mr. Brown. *Dieses Restaurant gehört Herrn Brown (wem?).*
   b) We give the waiter a tip. *Wir geben dem Kellner ein Trinkgeld.*

c) We give the tip **to** the waiter and not **to** the manager. *Wir geben das Trinkgeld dem Kellner und nicht dem* Geschäftsführer.

4. We call the waiter. *Wir rufen d e n Kellner (wen?).*

Der 1. Fall (Werfall) und der 4. Fall (Wenfall) sind beim Hauptwort gleich. Ersterer steht immer vor dem Tätigkeitswort, letzterer immer hinter ihm.

Der 2. Fall (Wessenfall) wird durch das Verhältniswort „of" *bezeichnet (Beispiele 2 a und c). Bei Personen steht vorzugsweise der kürzere, sogenannte sächsische Wessenfall, der durch Anhängen von „'s" gebildet wird und stets vor dem Hauptwort, zu dem er gehört, stehen muß (Beispiel 2 b).*

Der 3. Fall (Wemfall) wird durch das Verhältniswort „to" *bezeichnet (Beispiele 3 a und c). Bei gewissen Tätigkeitswörtern, die eine Ergänzung im 3. Fall u n d eine Ergänzung im 4. Fall haben, kann der sogenannte unbezeichnete Wemfall stehen, wenn er dem 4. Fall vorausgeht (Beispiel 3 b). Diese Möglichkeit besteht außer bei* „to give" *u. a. bei fol-*genden Tätigkeitswörtern:

to bring, to fetch *(holen),* to get *(verschaffen),* to offer, to pay, to promise, to tell *(erzählen),* to serve, to show, to write

sowie

to cost, cost, cost *kosten (Geld)*
to hand *aushändigen, überreichen*
to leave, left, left *zurücklassen, hinterlassen (auch verlassen)*
to lend, lent, lent *leihen, ausleihen*
to send, sent, sent *senden, schicken*
to teach, taught, taught *lehren*
to wish *wünschen*

Dagegen steht der mit „to" *bezeichnete Wemfall immer bei folgenden Tätigkeitswörtern:*

to belong to *gehören*
to explain to *erklären*
to happen to *zustoßen*
to introduce to *vorstellen*
to listen to *zuhören*
to say to *sagen*
to seem to *scheinen (als ob)*
to speak to *sprechen (mit)*

M e r k e : I go to the baker's (shop = *Laden, ist zu ergänzen).*

I was at my friend's (family *oder* house, *ist zu ergänzen).*

The hotel is a five minutes' drive from here.
Das Hotel ist 5 Minuten zu Wagen von hier.

It seems **to** me ... *es scheint mir.*

Can I speak **to** Mr. Brown? *Kann ich Herrn* B *sprechen?*

It is (all) **the same to** me
It makes no difference **to** me } *es ist mir (ganz) gleich*

K ü c h e

cook's assistant *Küchenjunge*
assistant cook, junior cook } *Hilfs-, Jungkoch*
kitchenmaid *Küchenmädchen*
dishwasher *Geschirrspüler(in)*
(kitchen-)cupboard, (kitchen-)dresser } *Küchenschrank*
(kitchen-)range *Küchenherd*
electric range *elektr. Herd*
gas cooker *Gasherd*
oven *Bratrohr, Backofen*
refrigerator, ice safe, ice cabinet } *Eisschrank*
meat safe *Speiseschrank*
sink *Ausguß*
gas tap *Gashahn*
water tap *Wasserhahn*
larder, pantry } *Speisekammer*
scullery *Abspülküche*
grill *Bratrost*
charcoal *Holzkohle*

G e r ä t e (utensils)

casserole *Tiegel*
pot *Topf*
lid *Deckel*
pan *Pfanne, flacher Tiegel*
frying-pan, skillet *(amer.)* } *Bratpfanne*
saucepan *Kochtopf, Tiegel*
stewpan *niedriger Kochtopf*
kettle *Kessel*
ladle *Schöpflöffel*
wooden spoon *Kochlöffel*
skimmer *Schaumlöffel*
potato masher *Kartoffelstampfer*
chopper, chopping knife } *Hackmesser*
chopping board *Hackbrett*
funnel *Trichter*
grater *Reibeisen*
sieve *Sieb*
(meat) mincing machine, mincer } *Fleischhackmaschine*
coffee mill *Kaffeemühle*

Ü b u n g : I am a cook's assistant, my friend Fred is an assistant cook. He is five years older than I am. We have two kitchenmaids. They also wash the dishes. The pots and pans are in the kitchen dresser. The meat, the butter, and the milk are in the refrigerator. We have an electric range in our kitchen. When there is no bread left *(übrig)*, I must go to the baker's to fetch some. Our restaurant is a ten minutes' walk from the station. It belongs to Mr. White.

Übersetze: Können wir den Geschäftsführer sprechen? Es tut mir sehr leid, meine Herren, er ist nicht da (= in), *bitte kommen Sie ein wenig später. Wenn du mir nicht zuhörst, kann ich dir nicht erklären, was mir zugestoßen ist. Der Geschirrspüler reichte dem Kellner die Teller. Bitte, schließe die Tür des Eisschranks! Geh in die Speisekammer und bring mir etwas Speck! Gaben Sie das Trinkgeld dem Zimmermädchen oder dem Pagen? Ich gab es dem Zimmermädchen und sagte ihr, sie soll es mit dem Pagen teilen (teilen* = to share; *übersetze: ... und sagte ihr zu teilen es ...). Haben Sie dem Besitzer den neuen Geschäftsführer vorgestellt? Nein, es schien mir, daß er ihn schon kannte.*

Twenty-first (21st) lesson

Beugung der persönlichen Fürwörter

1. I call **him (her, them)** *ich rufe ihn, (sie [weibl. Einz.]), sie (Mehrzahl)*
   He calls **me (us)** *er ruft mich (uns).*
2. She calls **you.** *Sie ruft dich (euch, Sie).*
3. a) I gave him a tip. *Ich gab ihm ein Trinkgeld.*
   b) Did you give the tip **to** him or **to** *her? Gabst du das Trinkgeld ihm oder ihr?*
4. **Whom** did you call? *Wen riefen Sie?*
5. **Whose** knife is this? *Wessen Messer ist dies?*
6. **To whom** does this knife belong? *Wem gehört dieses Messer?*

Außer you *und* it *haben die persönlichen Fürwörter eigene Formen für den Wenfall (Beispiele 1). Auch* who *hat einen eigenen Wenfall* whom *(Beispiel 4).*

*Wie bei den Hauptwörtern wird der Wessenfall durch Voranstellen von „*of*", der Wemfall durch Voranstellen von „*to*" vor den Wenfall (!) gebildet. Für den Wessenfall, der einen Besitz ausdrückt, hat* who *eine eigene Form* whose *(Beispiel 5).*

Für den 3. Fall (Wemfall) gelten für den Fortfall von „to" die gleichen Regeln wie für das Hauptwort (Beispiel 3a).

Alle Verhältniswörter werden mit dem 4. Fall (Wenfall) verbunden: with me = *mit mir,* without me = *ohne mich; vor mir* = before me, *für mich* = for me *usw.*

Zusammenziehungen mit „da", z. B. damit, dafür, davon, darin, werden in der Einzahl mit with it (for it, of it, in it) *übersetzt, in der Mehrzahl mit* with them (for them, of them, in them), *z. B.* here is a knife, but I cannot cut with it = *hier ist ein Messer, aber ich kann nicht damit schneiden.*

Küche *(Tätigkeiten)*

to add *hinzufügen*
to bake *backen, braten*
to baste *(mit Fett) begießen*
to boil *kochen, sieden*
to braise *schmoren*
to broil, to grill *auf dem Rost braten*
to brown *bräunen*
to beat (*spr.* biet), beat (*spr.* biet), beaten *schlagen*
eggbeater *Schneebesen*
to cleanse *säubern*
to chop, to mince *hacken*
to cover *bedecken*
to decorate *schmücken*
to garnish *garnieren*
to grate *reiben*
to grind, ground, ground *mahlen*
to melt *schmelzen, zergehen*
to mix *mischen*
to fry *braten*
to parboil *ankochen, anbraten*
to peel *schälen*
to pour *gießen*
to powder *bestreuen*
to rinse *ausspülen*
to roast *rösten*
to salt *salzen*
to season *würzen*
to simmer *brodeln (lassen)*
to skim *abschöpfen*
to soak *einweichen*
to steam *dünsten*
steam boiler *Dampfkessel*
to stew *dämpfen, schmoren*
to stir *umrühren*
to strain *durchseihen*
to scald *brühen*
to sear, to singe *sengen (Geflügel)*
to toss *schütteln (Salat)*

Übung: *Beantworte folgende Fragen:* Who helps the chef? Who peels the vegetables and washes the dishes? With what do you beat the eggs? In what do you grind coffee? What do we add to tea? With what do we cover the pots and pans?

Übersetze: The chef added some salt to the soup. I bought some eggs and boiled them. The waiter served us.

What about those dishes, did you garnish them? Yes, sir, I did. Here are some kitchen knives, but I cannot cut with them, they are too blunt *(stumpf)*. How is Mrs. Shaw? I don't know, I haven't seen her since last Monday. I offered him some cream for his tea, but he preferred it without. Where are the wooden spoons? Here are some of them. Mince some parsley *(Petersilie)* and garnish those hard-boiled eggs with it! Whose knife is blunt? Jack's is. Is this Jack's knife? No, it is not, it belongs to Tom. To whom did you listen?

Twenty-second (22nd) lesson

Die bezüglichen Fürwörter

1. This is the waiter **who** (*oder* that) served my dinner. *Dies ist der Kellner, der (welcher) mein Essen servierte.*
2. a) The stranger **of whom** you are speaking has left this morning. *Der Fremde, von dem Sie sprechen, ist heute früh abgereist.*
   b) That is the gentleman **whose** room is next door to mine. *Dies ist der Herr, dessen Zimmer neben meinem ist.*
3. The lady **to whom** you gave the bill of fare, is Mrs. Jones. *Die Dame, der Sie die Speisekarte gaben, ist Frau Jones.*
4. The boy **whom** (*oder* that) I sent to the station has not yet come back. *Der Junge, den ich zum Bahnhof schickte, ist noch nicht zurückgekommen.*
5. This is the hotel **which** (that) I recommended to my friend. *Dies ist das Hotel, das (welches) ich meinem Freund empfahl.*
6. I understood **what** he said. *Ich verstand, was er sagte.*
7. I understood all (*oder* everything) **that** he said. *Ich verstand alles, was er sagte.*

„Who" *ist nicht nur Fragefürwort, sondern auch bezügliches Fürwort (Relativpronomen) für Personen. Es wird gebeugt, wie in der 21. Lektion angegeben. Für Sachen wird* „which" *als bezügliches Fürwort gebraucht. Für* „who" *und* „which" *kann auch* „that" *stehen, jedoch nur in solchen Relativsätzen, die nicht weggelassen werden können. Auch darf nie ein Verhältniswort* (of, to) *vor* „that" *stehen.*

„Whom" *und* „which" *sowie* „that" *können oft im Englischen weggelassen sein:*

The lady you spoke of is Mrs. Smith. the lady of whom you spoke is Mrs. S. the lady whom you spoke of is Mrs. S. the lady that you spoke of is Mrs. S.	*Die Dame, von der Sie sprachen, ist Frau S.*
The hotel I stayed in was first class the hotel in which stayed was first class the hotel which I stayed in was first class the hotel that I stayed in was first class	*Das Hotel, in dem ich mich aufhielt, war erstklassig*

Nach Ausdrücken wie „all", „everything", „nothing" *(= nichts) usw. steht* „that" *für das deutsche „was".*

G e w ü r z e (spices)

bay *Lorbeer*
c**a**per *Kaper*
chive *Schnittlauch*
clove *(Gewürz-)Nelke*
c**u**rry *(-powder) indisches, scharfes Gewürz*
f**e**nnel *Fenchel*
g**a**rlic *Knoblauch*
herb *Küchenkraut*
fines herbes *feingehackte Kräuter*
lemon *Zitrone*
lemon juice *Zitronensaft*
mace *Muskatblüte, -blatt*
m**a**rjoram *Majoran*
mint *Minze*
(mixed) pickles *verschied. Gemüse, Gurken usw. in Essig*
n**u**tmeg *Muskatnuß*
onion *Zwiebel*
p**a**prika *Paprika*
p**a**rsley *Petersilie*
pim**e**nto *Jamaikapfeffer*
r**o**semary *Rosmarin*
s**a**ffron *Safran*
sage *Salbei*
shall**o**t *Schalotte*
thyme *Thymian*
to s**ea**son, to spice *würzen*
spiced, sp**i**cy, *gewürzt, würzig*
hot, sharp *scharf*
t**a**sty, s**a**voury *schmackhaft*
flat, ins**i**pid *fad*
all kinds of ... *alle möglichen ...*
to be fond of ... *etwas sehr gern haben*
to use *verwenden*
instead of *anstatt*
to ask for *verlangen nach*
bunch *Strauß, Bündel*

Ü b u n g : What herbs may we find in an English kitchen? We may find chives, mint, parsley, sage, and thyme. And what spices do the English like? They like curry, mace, nutmeg, and all kinds of pepper. Many Americans are fond of hot dishes, they like pimento very much. Food without salt and spices tastes flat (insipid). I like tasty dishes. My brother always takes a little chives on his bread and butter. My mother uses lemon juice instead of vinegar to season salads.

Tell me all the spices that your chef uses in your kitchen! Show me the guest who asked for mixed pickles. Some people do not like food (which is) seasoned with garlic. I could not understand what the landlord said. The gentleman to whom you brought the mixed pickles is now asking for some lemon juice. What colour is paprika? It is red. And chives? They are green. Shallots are much like onions. A bunch of herbs, made up of bay, parsley, thyme and marjoram, is called "bouquet garni".

Twenty-third (23rd) lesson

Die Speisenkarte (the menu)

Angefangen bei dem Wort „menu" *selbst, enthalten die Speisenkarten in England und Amerika eine große Anzahl französischer Wörter, besonders in den Zubereitungsarten. Die Kenntnis der wichtigsten französischen Ausdrücke für Speisen ist daher beinahe unerläßlich.*

course *Gang, Gericht (sonst: Lauf, Verlauf, Kurs;* of course = *natürlich)*
dish *Gericht, Schüssel*
special *Spezialität, Spezialgericht*
vegetarian *vegetarisch, Vegetarier*
roast, joint *Braten*
entrée *Zwischengericht*
appetizer course *Vorspeise, Appetitbissen*

à la carte *nach der Karte*
to choose, chose, chosen *wählen*
to select *auswählen*
selection *Auswahl*
to pass *reichen*
to include *einschließen*
main, chief *hauptsächliche, Haupt-*
by the way, by the by *übrigens, nebenbei bemerkt*
a lot of *sehr viele*

Übung: Good evening, sir, what do you want? — I want to have dinner. — Do you want to eat à la carte or do you prefer a menu? — What does the price of a menu include?

— It includes soup or an appetizer course, an entrée, the main course, a salad or vegetable and a dessert. — All right then, I'll take a menu. By the way, tell me what is an "entrée"? — An entrée is a dish that is served before the roast or between two chief courses.

Die unbestimmten Fürwörter

1. Have you **any** vegetarian dishes? Yes, sir, we have (got) **some.** *Haben Sie irgendwelche vegetarischen Gerichte? Ja, mein Herr, wir haben welche (einige).*
2. If there is **anything** (that) I can do for you, please let me know. *Wenn ich irgend etwas für Sie tun kann, lassen Sie mich bitte wissen.*
3. May I have **some** bread? *Kann ich etwas Brot haben?*
4. You may come at **any** time, there is always **somebody** at home. *Sie können zu jeder (beliebigen) Zeit kommen, es ist immer jemand zu Hause.*

some *etwas, ein wenig, einige*
somebody, **so**meone *jemand*
something *etwas*
somewhere *irgendwo*
somehow *irgendwie*
sometimes *manchmal*
somewhat *einigermaßen*

any *(irgend)ein, jeder (beliebige)*
anybody, **a**nyone *irgend jemand, jeder (belieb.)*
anything *irgend etwas*
anywhere *irgendwo*
anyhow, **a**nyway *irgendwie, jedenfalls*

Merke zum Gebrauch von „some" *und* „any" *und ihren Zusammensetzungen: Grundregel:* „Some" *und seine Verbindungen werden in bejahten Aussagesätzen gebraucht (Beispiele 1 und 4),* „any" *und seine Verbindungen in verneinten, fragenden und bedingten Sätzen (Beispiele 1 und 2). Ist jedoch bei der Frage von vorneherein eine bejahte Antwort zu erwarten (Beispiel 3), so steht auch hier* „some". *Bedeutet* „any" *soviel wie „jeder beliebige", so steht es auch in bejahten Sätzen (Beispiel 4).*

1. **Every** day we serve fresh fish. *Jeden Tag servieren wir frischen Fisch.*
2. We have fifty rooms, **each** with bathroom. *Wir haben 50 Zimmer, jedes mit Badezimmer.*

every *jeder (ganz allgemein)*
everybody / every one *jeder, jedermann*
everything *alles („jedes Ding")*
everywhere *überall*
none *keiner*
nobody / no one *niemand*

each *jeder (aus einer bestimmten Anzahl)*
either *jeder (von beiden)*
neither *keiner (von beiden)*
nothing *nichts*
nowhere *nirgends*

Merke zur Unterscheidung von „every" *und* „each": „Every" *bedeutet „jeder beliebige" und steht immer mit einem Hauptwort zusammen (Beispiel 1);* „each" *bedeutet „jeder aus einer Anzahl" und kann allein oder mit einem Hauptwort stehen (Beispiel 2).*

Übersetze: *Es ist etwas in meinem Glas, bitte geben Sie mir ein sauberes. Haben Sie irgendein eisgekühltes* (iced) *(Getränk)? Bitte, geben Sie mir etwas Süßes. Er war einigermaßen erstaunt, als er die Rechnung sah. Haben Sie den Geschäftsführer nicht irgendwo gesehen? Ich kann ihn nirgends sehen. Jedenfalls kann er nicht weit sein. Wenn ich ihn irgendwo sehe, werde ich ihn zu Ihnen schicken.*

Ich wollte einen Pagen rufen, aber da war keiner. Jeder von uns spricht Englisch. Die Speisesäle sind auf beiden Seiten des Ganges. Ich fragte zwei Polizisten, aber keiner konnte mir sagen, wo dieses Hotel ist. Nirgends ist das Spezialgericht so gut wie in diesem Restaurant, jedermann findet das. Sie haben recht, alles ist so schmackhaft hier.

Twenty-fourth (24th) lesson

Die Speisenkarte: Appetizers

Es ist nicht leicht, einen einzigen, knappen Ausdruck zur Übersetzung des besonders im Amerikanischen gebräuchlichen Wortes „appetizer" *zu prägen, denn er bezieht sich sowohl auf kalte und warme Vorspeisen als auch auf Früchte, Fruchtsäfte usw.*

canapé *geröstete Schnitte, garniert*

cocktail savory *(amer.) Art Vorspeise*

savoury *pikantes Vorgericht*
hors d'œuvre *Vorspeisen*
to spread *aufstreichen*
sandwich *belegtes Brot*
anchovy butter *Sardellenbutter*
cracker *knusperiges Biskuit*
potato chips *gebackene (kalte), gesalzene Kartoffelscheibchen*
goose liver pie / pâté de foie gras *Gänseleberpastete*
cold meat *Aufschnitt*
avocado (pear) *Avocato*
melon *Melone*
iced grapefruit *eisgekühlte Grapefruit (Pampelmuse)*
tomato juice *Tomatensaft*
relish *Appetitbissen; Würze, Geschmack (an etwas)*
to relish *Geschmack finden*
sour *sauer*
olives *Oliven*
radish *Radieschen*
horseradish *Meerrettich*
gherkin *Essig-, Pfeffergurke*

Übung: English people often have some grapefruit to begin their meal with (as a starter). They call it an "appetizer". They open the fruit by cutting it into two halves. They generally put a little sugar on the fruit and then sip the juice with a dessert spoon.

How do you make a sandwich? I cut a roll into two halves, or I take two slices of bread and spread some butter on them. Then I put some cheese, ham, sausage or any kind of cold meat between them. Canapés are made much the same way, but with toasted bread; they may be garnished in lots of different ways and must be served hot as a first course.

Die unbestimmten Fürwörter (Fortsetzung)

all *alles, alle, ganz, gänzlich*

both *beide (bei Zusammengehörigkeit)*

all the money *alles Geld (das ganze Geld)*

all my money *all mein Geld (mein ganzes Geld)*

all day long *den ganzen Tag (dagegen:* every day *=alle Tage!)*

all right *ganz recht (in der amer. Umgangssprache* „O.K.", okay)

that's all *das ist alles*
after all *übrigens, schließlich*
not at all *durchaus nicht, gar nicht*
all kinds (sorts) of fruit *alle (möglichen) Arten Obst*

both my hands *meine beiden Hände (dagegen: my two hands!)*
both rooms *beide Zimmer*
both of you *ihr beiden*

little *wenig* **few** wenige

little hope *wenig Hoffnung*
a little *ein wenig, ein bißchen*
little by little (by little and little) *nach und nach*

few people *wenig Leute*
a few guests *einige, ein paar Gäste*
not a few guests *nicht wenig Gäste*
quite a few guests *ziemlich viel Gäste*
fewer guests *weniger Gäste (in der Umgangssprache auch: less g.)*

much *viel* **many** *viele*

much time *viel Zeit*
thank you very much *danke sehr*
much in the same way *so ziemlich auf dieselbe Art*
many a guest *mancher Gast*
many guests *viele Gäste*

Weitere Übersetzungsmöglichkeiten für „viel, viele":

a good deal of *ziemlich viel*	a good many *ziemlich viele*
a great deal of *sehr viel*	a great many *sehr viele*
a lot of *sehr viel, eine Menge*	plenty of *sehr viel, reichlich*

other *anderer, andere(s)* **others** *andere*

no other choice *keine andere Wahl*
another cup of tea *noch eine Tasse Tee*
the other day *neulich*

every other year *jedes zweite Jahr, ein Jahr um das andere*
let others talk *laß die anderen reden;* each other *einander*

Twenty-fifth (25th) lesson

Die Speisenkarte. Suppen (soups)

clear soup *klare Suppe*
b**e**eft**ea** *Fleischbrühe, Bouillon*
broth *Fleischbrühe*
ch**i**ckenbr**o**th *Hühnerbrühe*
clam broth *Muschelsuppe*
bisque *dicke Suppe, meist von Fisch*
ch**ow**der *dicke Suppe von Fisch oder Schalentieren, meist mit Milch*
cream of green pea soup *Erbsenpüreesuppe*
h**a**ricot soup *Bohnensuppe*
leek soup *Lauchsuppe*
l**e**ntil soup *Linsensuppe*
(mock) turtle soup *(falsche) Schildkrötensuppe*
minestr**one** *italienische Gemüsesuppe mit Einlage*
mulligat**a**wny *scharfe, indische Suppe*
o**a**tmeal soup *Haferschleimsuppe*
onion soup *Zwiebelsuppe*
oxtail soup *Ochsenschwanzsuppe*
tom**a**to soup *Tomatensuppe*
v**e**getable soup *Gemüsesuppe*
vegetable broth *klare Gemüsesuppe*
vermic**e**lli *Nudelsuppe*
pea soup *Erbsensuppe (in England scherzhafte Bezeichnung für den dichten Nebel)*
to div**i**de into *einteilen in*
to spoil *verderben*

Übung: Soups may be divided into "clear soups" (broth, beeftea, bouillon, consommé) and "thick soups" (cream soups, bisque, chowder). Most people begin dinner with a soup, but there are also many people who do not like soups at all. Do you like soups? Oh yes, I love them, especially soups made of fish or shellfish *(Schalentieren)*. Sick persons often eat vegetable broth, oatmeal soups, or beeftea with an egg. Do you know how mulligatawny is made? It is made of mutton *(Hammelfleisch)* or rabbit *(Kaninchen)* and vegetables which you cook 2 to 3 hours and season with much curry. Do you know the English proverb: Many cooks spoil the broth?

Die Zukunft

I **shall** be (have, go) *ich werde sein (haben, gehen)*
you **will** be (have, go) du wirst sein (haben, gehen)
he/she/it **will** be (have, go) *er/sie/es wird sein (haben, gehen)*
we **shall** be (have, go) *wir werden sein (haben, gehen)*
you **will** be (have, go) *ihr werdet/Sie werden sein (haben, gehen)*
they will be (have, go) sie werden sein (haben, gehen)
shall you be (have, go)? *wirst du/werdet ihr/werden Sie sein (haben usw.)? (Dagegen:* will you be *usw.? willst du/wollt ihr/wollen Sie sein?)*

Zur Bildung der Zukunft der Tätigkeitswörter und der Hilfszeitwörter „to be", „to have" *und* „to do" *verwendet man im Englischen die Hilfszeitwörter* „shall" *und* „will" *nach obigem Schema an Stelle des deutschen „werden".*

Auch in der 1. Person, d. h. mit „I" *und* „we" *verbunden, wird in der Umgangssprache oft* „will" *verwendet, besonders wenn der eigene Wille zum Ausdruck kommt. Beachte folgende Zusammenziehungen:*

I'll (*aus* I will), you'll, he'll *usw.*
I shan't, we shan't (*aus* shall not).
I won't (*aus* I will not), you won't, he won't *usw.*

Übung: I shall be very glad to see you. When shall you come? What shall I do? He won't come. I hope you will send me a letter. The bellboy will go to the station. Who will stay here? Who wants to stay here? Let us go now. What will there be for dinner? You'll see in time. Please give my respects to Mrs. Brown. Thank you, I will.

Beuge die wichtigsten Tätigkeitswörter in der Zukunft!

Übersetze: *Wann wird der Geschäftsführer hier sein? Ich glaube, er wird heute gar nicht kommen. Wer wird ihn vertreten? Wenn du dich nicht beeilst, wirst du zum Abendessen zu spät kommen. Was werden wir jetzt tun? Ich will dir (das) gleich sagen. Wer will ein Extratrinkgeld? Heute abend will (werde) ich früh zu Bett gehen, ich bin so müde. Mutter wird es leid tun, dich nicht zu sehen. Ich werde ihr (ein) Wort senden.*

Setze die Übungen der 7., 10. und 19. Lektion in die Zukunft!

26th lesson

Die Speisenkarte. Fisch (fish)

Salt-water fish *Seefisch*
cod, codfish, hake *Kabeljau*
flounder *Flunder*
haddock *Schellfisch*
halibut *Heilbutt*
herring *Hering*
bloater *Bückling*
kippered herring *Räucherhering*
mackerel *Makrele*
mullet *Barbe*
pilchard *große Sardine*
plaice *Scholle*
salmon *Lachs*
sardine *Sardine*
sole *Seezunge*
tuna, tunny *Thunfisch*
turbot *Steinbutt*
whiting *Weißfisch*
fish fillet *Fischfilet*

fresh-water fish *Süßwasserfisch*
carp Karpfen
eel *Aal*
perch *Barsch*
pike *Hecht*
trout *Forelle*
whitebait *kleine Weißfische*
shellfish *Muschel-, Schalentiere*
clam *Venusmuschel*
cockle *Herzmuschel*
crab *Krabbe, Taschenkrebs*
crawfish, crayfish *Krebs*
lobster *Hummer*
mussel *Muschel*
oyster *Auster*
prawn *Steingarnele*
scallop *Kammuschel*
shrimp *Garnele*
frog's leg *Froschschenkel*
caviar *Kaviar*

Übung: Fish may be divided into white fish (cod, haddock, plaice, sole, turbot) and oily fish (herring, mackerel, salmon). Fish must be absolutely fresh. An English proverb says: "Eat your fish while it is yet fresh and marry your daughter while she is yet young." A good deal of fish is sold in fillets. On Fridays you will find all kinds of fresh-water and salt-water fish. Halibut, sole and turbot are the most expensive. Among the shellfish, lobster and oysters are the most esteemed *(geschätzt)*.

Die Bedingungsform

Man erhält die „Bedingungsform" der Tätigkeitswörter und Hilfszeitwörter, wenn man bei der Zukunft „shall" *und* „will" *durch ihre Vergangenheitsformen* „should" *und* „would" *ersetzt. Diese Form wird „Bedingungsform" genannt, weil ihr im Nebensatz eine Bedingung vorausgeht oder nachfolgt:*

If it were fine weather, we should go for a walk. *Wenn es schönes Wetter wäre, würden wir spazierengehen.*
They would put you up if they had a room left. *Sie würden euch unterbringen, wenn sie ein Zimmer übrig hätten.*

Auch in der indirekten Rede steht die Bedingungsform:
I knew that he would come. *Ich wußte, daß er kommen würde.*

Zusammenziehungen: I'd (*aus* I would), you'd *usw.* I wouldn't *usw.*

Übung: I should be very sorry not to meet you. If I had enough time I should go to the pictures *(Kino).* I did not know that you would come. We should be glad if you were right. Should you come to his party if he invited you? It would be a pity not to accept his invitation. Would you be so kind as to tell me the right time? I should like to go to the theatre. Oh, I would rather stay here.

Setze die Übung der Lektion 10 in die Bedingungsform!

Übersetze: *Gebackener Kabeljau, gekochter Steinbutt, geschmorter Thunfisch, (auf dem Rost) gebratene Heringe, gebratene kleine Weißfische, gedünsteter Lachs. Bitte, garnieren Sie diese gebratenen Seezungen mit ein wenig Petersilie! Salzen und pfeffern Sie die Flundern! Lassen Sie etwas Butter zergehen und gießen Sie sie auf die Forellen! Haben Sie den Schellfisch gewürzt?*

27th lesson

Die Speisenkarte. Fleisch (meat)

beef *Ochsenfleisch*
veal *Kalbfleisch*
pork *Schweinefleisch*
m**u**tton *Hammelfleisch*
lamb *Lammfleisch*
breast *Brust*
foot *Fuß*
head *Kopf*
leg *Bein, Keule*
rib *Rippe*
sh**ou**lder *Schulter*
tail *Schweif*
brains *Hirn*
heart *Herz*
k**i**dney *Niere*
l**i**ver *Leber*
m**a**rrow *Mark*
sw**ee**tbread *Bries*
tongue *Zunge*
tripe *Kutteln, Kuttelflecke*
c**o**rned beef *Pökel-, Büchsenfleisch*
tinned meat *(engl.)*, canned meat *(amer.)* *Büchsenfleisch, Konservenfleisch*
bone *Knochen*
g**a**mmon *geräuch. Schinken*

Übersetze: *Geschmortes Herz, gehacktes Bries, auf dem Rost gebratene Nieren, gebratene Leber, gedünstete Zunge, gedämpfte Kuttelflecke, gekochtes Ochsenfleisch, gebackenes Hirn. Wie ziehen Sie die Leber vor, geschmort oder gebraten? Es ist mir einerlei, ich mag gern beide Arten. Welche dauert (nimmt) länger? Schmoren dauert ein wenig länger. Vergiß nicht, etwas Muskatnuß zu reiben und das Bries damit zu bestreuen! Laß die Kutteln brodeln.*

Die Leideform

1. The waiter **is** called **by** the guest *der Kellner wird vom Gast gerufen.*
2. **I was** told that there was no room left *es wurde mir gesagt, daß kein Zimmer übrig sei.*
3. The manager **was** sent **for** *es wurde nach dem Geschäftsführer geschickt.*
4. **Mr. White is** said **to be** our richest patron *man sagt, daß Herr W. unser reichster Kunde ist (Herr W. soll unser reichster Kunde sein).*

Zur Bildung der Leideform (Passiv) verwendet man im Englischen das Hilfzeitwort „to be" *an Stelle unseres „werden". Aus dem deutschen Verhältniswort „von" wird* „by" *(Beispiel 1).*

Viele Tätigkeitswörter erlauben im Englischen die Bildung eines persönlichen Passivs an Stelle des deutschen unpersönlichen, das auch häufig mit „man" wiedergegeben werden kann (Beispiele 2 und 4). Ist das Tätigkeitswort mit einem Verhältniswort verbunden, so tritt dieses an den Schluß (Beispiel 3).

Auch die Verlaufsform (11. Lektion) kann in die Leideform treten:

The soup is (was) being served by the waiter *die Suppe wird (wurde) gerade vom Kellner angerichtet.*

Im Gegensatz zum Deutschen wird auch die Leideform der Nennform im Englischen viel verwendet:

There was nothing **to be seen** *es war nichts zu sehen.*
Merke jedoch: Rooms to let *Zimmer zu vermieten.*

Da die Leideform im Englischen häufiger vorkommt als im Deutschen, muß sie fleißig geübt werden. Man verwende jedoch beim Sprechen nur solche Sätze, die man schon gehört hat.

Mit dem Hilfszeitwort „werden" darf nicht das selbständige Tätigkeitswort „werden" verwechselt werden, das im Englischen auf verschiedene Arten zu übersetzen ist:

He **became** a hallporter *er wurde Hotelportier (mit Hauptwort)*

The boss **got** (became) angry *der Chef wurde böse (mit Eigenschaftswort)*

We all **grow** old *wir werden alle (langsam,* to grow = *wachsen) alt*

The milk **turned** sour *die Milch wurde sauer (schnell,* to turn = *wenden, drehen).*

Übung: 1. The bellboy was given a handsome tip by the stranger. This hotel is said to be the best in the whole town. In some restaurants there is no service charge, gratuities are left to the guests' discretion (Ermessen). My brother was offered a nice job. By whom was the bell rung? I don't know. It must have been rung by somebody. We were shown over *(herumgeführt)* the gardens. Something must be done. Nothing was to be heard. You were asked for by a lady, Mr. Harper. All kinds of appetizers are served as first course. Crackers are often used for canapés. I do not want to be laughed at *(ausgelacht).*

2. Setze die Übung von Seite 31/32 in die Leideform!

Übersetze *(unter besonderer Beachtung der verschiedenartigen Verwendung von „werden"): Ich werde morgen für den Chef nach Manchester fahren. Er wird uns gleich servieren. Wann wollen Sie geweckt werden? Es wurde uns gesagt, daß Sie noch zwei Zimmer haben. Was ist aus deinem Bruder geworden? Er wurde Koch. Der Gast war im Begriff, böse zu werden. Am Ende seines Lebens war er ziemlich reich geworden. Warum wurde er rot?*

28th lesson

Die Speisenkarte. Fleischspeisen (meat dishes)

chop *Kotelett (besonders vom Hammel)*
cutlet *Kotelett (kleineres)*
fillet *Filet, Lendenstück*
joint *Braten, Bratenstück*
loin *Lenden-, Nierenstück*
sirloin *Lendenstück vom Ochsen;*

tenderloin *besonders zarter Teil der Lende*
mignonette *kleines Filet*
prime *erstklassig*
roastbeef *Ochsenbraten*
roast veal (pork, mutton, lamb) *Kalbs-(Schweine-, Hammel-, Lamm-) Braten*
steak *gebratene Fleischschnitte* („Beefsteak") (beefsteak *bedeutet die schlechteste Qualität, besser ist* fillet-steak, *am besten* rump-steak)
T-bone steak *Steak am (T-förmigen) Knochen*
fricassée *Ragout (von Kalb oder Geflügel), Frikassee*
goulash *Gulasch*
hamburger *„deutsches Beefsteak"*
hash *Haschee, Hackfleisch*
Irish stew *Hammelragout auf irische Art*
meatball *Fleischkloß*
meat croquette *Frikadelle*
meat dumpling *Fleischknödel*
meatloaf *Hackbraten*
meat pie *Fleischpastete*
mixed grill *verschiedenes, geröstetes Fleisch*
ragout *Ragout*
sauteed liver *gebratene Leber (von* to saute *im heißen Fett braten)*
spare-rib *Rippespeer (Schweinebrust)*
stew *gedünstetes Fleisch*
stuffed shoulder *gefüllte Schulter*
suckling pig *Spanferkel*
Aus dem Deutschen übernommen:
Sauerbraten
Wiener Schnitzel
Aus dem Französischen übernommen:
blanquette de veau *eingemachtes Kalbfleisch*
bœuf en daube *Schmorbraten*
tripe à la Caen *Kuttelflecke in Weißwein oder Apfelwein gekocht*
en brochette *am Spießchen*
fat *fett*
lean *mager*
tender *zart, weich*
tough (*spr.* taf) *zäh*
underdone } *halb durch*
rare *(amer.)* } *„englisch"*
well done *gut durch, gar*
medium *ziemlich gut durch*
overdone *zu stark gebraten, gekocht*
raw *roh*

Ü b u n g : Roast leg of mutton, veal cutlet, stuffed breast of lamb, calf's liver en brochette, sirloin steak, fricassee of lamb, ragout of tongue, grilled sausages, broiled halibut steak, veal goulash.

Waiter, bring me a steak after the fish, please! Very well, sir, how do you want it, rare (underdone) or well done? Neither rare nor well done, just medium. Last time it was overdone and had no taste at all. Germans as a rule do not like beef or mutton that are rare, they say it is still raw. Pork is the fattest meat. I do not like fat meat, my stomach does not always agree with it. For lunch I often have a hamburger sandwich. When there is also some cheese, I call it a „cheeseburger". Do you know how the Americans call frankfurters that are served in a sandwich? Hot dogs. Rumpsteak is generally very tender. Nobody likes tough meat.

neither ... nor *weder ... noch*
either ... or *entweder ... oder*
as a rule *in der Regel*
to agree with *übereinstimmen, vertragen*
at all *überhaupt*

Das rückbezügliche Fürwort und Tätigkeitswort

1. I hope you will enjoy **yourself.** *Ich hoffe, Sie werden s i c h amüsieren.*
2. She always dresses (herself) quickly. *Sie zieht sich immer schnell an.*
3. I often prepare my lunch **myself.** *Ich bereite mir oft meinen Imbiß s e l b s t (selber) vor.*
4. The boss **himself** will come to see you. *Der Chef wird dich s e l b s t besuchen.*
5. Do you think that the weather will change? *Denken Sie, daß s i c h das Wetter ändern wird?*
6. People must help one another (each other). *Die Leute müssen sich (= einander) helfen.*

Die rückbezüglichen Fürwörter lauten im Englischen:

myself *mich (selbst)*
yourself *dich (selbst)*
himself *sich (selbst)*
herself *sich (selbst)*
itself *sich (selbst)*
oneself *sich (selbst)*
ourselves *uns (selbst)*
yourselves *euch (selbst), sich (selbst)*
themselves *sich (selbst)*

Im Englischen wird das rückbezügliche Fürwort nur gebraucht, wenn das rückbezügliche Verhältnis wirklich als solches empfunden wird (Beispiele 1, 3, 4). Nur wenige Tätigkeitswörter sind im Englischen stets rückbezüglich:

to enjoy oneself *sich amüsieren*
to help oneself *sich bedienen (bei Tisch)*

Manche Tätigkeitswörter können mit oder ohne rückbezügliches Fürwort gebraucht werden (Beispiel 2). Hierzu gehören:

to dress (oneself) *sich anziehen*
to undress (oneself) *sich ausziehen*
to wash (oneself) *sich waschen*
to shave (oneself) *sich rasieren*

Viele im Deutschen rückbezüglich gebrauchte Tätigkeitswörter haben im Englischen kein rückbezügliches Fürwort (Beispiel 5). Merke:

to apply for *sich bewerben um*
to care for *sich kümmern um*
to change *sich ändern (wechseln)*
to complain of *sich beklagen über*
to feel *sich fühlen*
to imagine / to fancy / to figure } *sich vorstellen, sich einbilden*
to move *sich bewegen*
to remember *sich erinnern*
to sit down *sich setzen*
to lie down *sich legen*
to wonder *sich fragen, neugierig sein*
to be mistaken *sich irren*
to be surprised *sich wundern, überrascht sein*
to be vexed *sich ärgern*

Für das deutsche „selbst" oder „selber" steht im Englischen das jeweilige rückbezügliche Fürwort (Beispiel 3, 4).

Liegt kein rückbezügliches, sondern ein gegenseitiges Verhältnis vor, so muß „each other" *(meist bei zwei Personen) oder* „one another" *stehen (Beispiel 6).*

Übung: Good morning, Mr. Parker, how do you feel (how are you feeling) today? Thank you, I feel a little better, but my wife complained of a headache, she had to lie down again. — Somebody has come to apply for an interpreter's job. I asked him to sit down and wait. I wonder why the boss has not come yet. He will be vexed to miss you.

Did you enjoy yourselves? Thank you, we had a lot of fun. Help yourself to some meat, Mrs. Marshal, or don't you care for meat? Do you wash before you shave? I seldom shave myself, I prefer getting shaved. For big parties we dress ourselves more carefully. I thought that Mrs. Ransom herself would come to see us, but she only sent her maid.

headache *Kopfweh*
job *Arbeit, Stelle, Beschäftigung*
to miss *versäumen, verfehlen*
fun *Spaß*
seldom *selten*
party *Gesellschaft, Einladung, Veranstaltung*

29th lesson

Die Speisenkarte. Soßen (sauces)

Die aus dem Braten selbst gewonnene Soße heißt „gravy" *(auch* „brown gravy"*), während alle anderen, aus der Küche stammenden oder fertig gekauften Soßen* „sauce" *und die Salattunke* „dressing" *heißen. Hier, wie bei allen Zubereitungsarten, sind besonders viel original-französische Küchenausdrücke zu finden.*

anchovy (butter) sauce *Sardellenbuttersoße*
béarnaise sauce *Soße mit Butter, Eigelb und Zitrone*
béchamel sauce *weiße Rahmsoße*
caper sauce *Kapernsoße*
catchup (catsup, Ketchup) *scharfe Soße, meist aus Tomaten*
cream sauce *Rahmsoße*
creole sauce *spanische (scharfe) Tomatensauce*
curry sauce *scharfe indische Soße*
hollandaise sauce *holländische Soße (Eigelb, Butter, Essig)*
horseradish sauce *Meerrettichsoße*
maître d'hôtel sauce *Soße mit Butter, Zitrone und Petersilie*
mayonnaise *Mayonnaise*
meunière sauce *wie* maître d'hôtel sauce, *aber mit gebräunter Butter*
mint sauce *Minzsoße*
mushroom sauce *Champignonsoße*
mustard sauce *Senfsoße*
piquant sauce *pikante Soße*
ravigote sauce *Soße mit gehacktem Eigelb, Essig, Öl, Petersilie, Salz, Pfeffer und etwas Knoblauch*
tartare sauce *(kalte) Soße, ähnlich der Mayonnaise, aber mit Senf*
velouté sauce *„milde" Soße von Hühner- oder Kalbfleischbrühe, Butter und verschiedenen Zusätzen*
Worcester (*spr.* wuster) sauce *bekannte fertige Soße*
Yorkshire relish *pikante fertige Soße*

Merke: apple sauce *Apfelmus (besonders zum Schweinebraten)*

French dressing *fertige Salattunke auf französische Art*

Übung: Fresh breast of beef (with) horseradish sauce, baked fillet of halibut sauce béarnaise, salmon mayonnaise, broiled mackerels anchovy butter sauce, fried herrings in mushroom sauce, sauteed mutton chops sauce béarnaise, sweetbreads sauce blanquette, calf's head ravigote sauce, cold tongue with tartare sauce, baked ham with mustard sauce, roast leg of lamb and mint sauce.

It ist almost impossible to tell all the sauces that you may find on English and American menus. Many of them have French names, but there are also sauces of German, Spanish, Italian, Scandinavian and even Russian origin *(Herkunft)*. On English restaurant tables you will always find some sauces in bottles: tomato catchup, Worcester sauce, as well as mixed pickles, as people like to season their food when it is served. There is an English proverb saying: "Hunger is the best sauce", while we Germans say: "Hunger is the best cook." Many Americans also like spicy food and hot sauces. In fact the English and American dishes would often be rather flat without such a savoury sauce.

almost *beinahe, fast*
imp**o**ssible *unmöglich*
even *sogar*
in f**a**ct *tatsächlich*

Das Umstandswort

1. The waiter is **polite** *der Kellner ist höflich.*
2. The waiter greets **politely** *der Kellner grüßt höflich.*
3. This wine is **good** *dieser Wein ist gut.*
4. You speak **well** *Sie sprechen gut.*
5. He excused himself **in a silly manner** *er entschuldigte sich ungeschickt.*

Es gibt „ursprüngliche" Umstandswörter (here, too, never usw.) *und „abgeleitete"; letztere erhält man durch Anhängen der Endung* -ly *an das Eigenschaftswort (Beispiel 2). (Vergleiche im Deutschen: Bier ist bitter — sie weinte bitterlich; sicherlich, inniglich usw.)*

Endigt das Eigenschaftswort bereits auf -ly, *so wird mit* „in a ... manner" *umschrieben (Beispiel 5). (Vgl. im Deutschen: sie ist glücklich — glücklicherweise habe ich meinen Schirm mitgenommen.)*

Das Umstandswort zu good *heißt* well *(Beispiel 4), zu* bad: ill *(schlecht) und* badly *(schlimm);* „fast" *(= schnell) ist sowohl Eigenschaftswort als auch Umstandswort, dasselbe gilt für* early *und* daily.

Merke: whole — wholly *ganz, gänzlich*
happy — happily *glücklich*
hard *schwer, hart* — hardly *kaum*
near *nahe* — nearly *beinahe, fast*

Redensarten:

you are sure to find him there *Sie werden ihn sicherlich dort finden*

I suppose he has left *er ist vermutlich abgereist*

he is likely to miss his train *er wird wahrscheinlich seinen Zug versäumen*

I hope he will write soon *hoffentlich wird er bald* schreiben

of course we can put him up selbstverständ-*lich können wir ihn unterbringen.*

Übung: I easily understood what the stranger said. He quickly finished his breakfast and left the room. He speaks English better than anybody I know. This waiter always answers politely. I can hardly see any difference. In this hotel all the members of the staff work hard, but they have good wages. You must eat and drink more slowly, you are always in a hurry, especially for breakfast. What is today's special? Roast leg of mutton and mint sauce. I like mutton very much, but I dislike (I hate) mint sauce. You are sure to find some other mutton or lamb on the menu.

difference *Unterschied*
member *Mitglied*
wages *Lohn*
especially *besonders*
to dislike *nicht mögen*
to hate *hassen*

30th lesson

Die Speisenkarte. Geflügel (poultry)

chicken *Huhn*
broiler *(amer.)* } *junges Huhn*
spring chicken } *junges Huhn*
pullet *Poularde, Masthuhn*
cock } *Hahn*
rooster *(amer.)* } *Hahn*
hen *Henne*
capon *Kapaun*
duck *Ente*
duckling *junge Ente*
goose (*Mehrz.* geese) *Gans*
guinea hen *Perlhuhn*
pigeon *Taube*
squab *junge Taube*
turkey *Truthahn*
giblets *(spr. dschiblitz) Gänseklein*
individual *für 1 Person*
fowl *Geflügel*
e.g. (*spr.* ihdschih) *zum Beispiel*
supreme *Gericht aus den feinsten Stücken (bes. Geflügel)*

Übung: Breast of guinea hen on toast, individual chicken pie, roast stuffed chicken, turkey hash, French pullet, oven-cooked broilers, baked stuffed squab, roast goose with apple sauce, fried spring chicken with cream sauce.

The Americans are very fond of poultry, especially chickens and there are even special restaurants where nearly everybody orders chicken cooked in some way or other, e.g. chicken fricassee, chicken and rice (Reis) en casserole, creamed chicken, chicken livers en brochette or with scrambled eggs, etc.

On Christmas, and sometimes on New Year's Day too, the English and Americans like to have a turkey for dinner. There is another American holiday about four weeks before Christmas that is called Thanksgiving Day. On this day the Americans also eat turkey.

Die Wortstellung

1. I drink a cup of coffee. *Ich trinke eine Tasse Kaffee.*
2. a) In the morning I drink a cup of coffee
   Am Morgen trinke ich ...
   b) I drink a cup of coffee in the morning
   Ich trinke am Morgen ...
3. a) In the morning I drink a cup of coffee
   in the kitchen

Am Morgen trinke ich eine Tasse Kaffee in der Küche

b) I drink a cup of coffee in the kitchen in the morning
Ich trinke am Morgen eine Tasse Kaffee in der Küche.

4. In the morning I quickly drink a cup of coffee in the kitchen.
Am Morgen trinke ich schnell eine Tasse Kaffee in der Küche.
5. In the morning I often drink a cup of coffee. *Am Morgen trinke ich oft eine Tasse Kaffee.*
6. Before I go out I often (quickly) drink a cup of coffee. *Bevor ich ausgehe, trinke ich oft (schnell) eine Tasse Kaffee.*
7. I had often (quickly) drunk a cup of coffee. *Ich hatte oft (schnell) eine Tasse Kaffee getrunken.*

Die englische Wortstellung ist viel starrer als die deutsche. Im Prinzip muß jeder Satz mit dem Satzgegenstand beginnen, diesem folgt die Satzaussage, der wiederum die Satzergänzung folgt. Beispiel 1: I = Satzgegenstand (Subjekt), drink = *Satzaussage (Prädikat),* a cup of coffee = *Satzergänzung (Objekt). Trenne n i e das Prädikat von seinem Objekt, vor allem wenn letzteres eine direkte Ergänzung im 4. Fall (Frage: wen oder was?) ist!*

Steht ein bestimmtes Umstandswort der Zeit (z. B. today, in the morning, last year) *am Anfang des Satzes, so muß sofort der Satzgegenstand folgen (Beispiele 2 a, 3 a, 4 a, 5). Auch wenn ein ganzer Satz (Nebensatz) dem Hauptsatz vorangeht (Beispiel 6), muß letzterer mit seinem Satzgegenstand beginnen.*

Die bestimmten Umstandswörter der Zeit können auch ganz an den Schluß des Satzes treten, dürfen jedoch nie im Satz selber stehen (Beispiele 2 b, 3 b).

Die unbestimmten Umstandswörter der Zeit (z. B. always, often, sometimes) *und die unbetonten Umstandswörter der Art und Weise (z. B.* quickly) *stehen bei den einfachen Zeiten unmittelbar hinter dem Satzgegenstand (Beispiele 4 a, 5, 6), bei den zusammengesetzten Zeitformen hinter dem ersten Hilfszeitwort (Beispiel 7).*

Die „unvollständigen" Hilfszeitwörter (z.B. can, may, must*) dürfen unter keinen Umständen von den dazugehörigen*

Tätigkeitswörtern durch ein Objekt getrennt werden (Beispiel 8).

Übung: *Ordne die am Rande stehenden Satzteile an der richtigen Stelle des betreffenden Satzes ein! Vergleiche mit der deutschen Wortstellung!*

The restaurant was closed	yesterday
The restaurant will be closed	soon
The boss spends his holidays in the country	always
Is there any poultry?	today
We finished our dinner (and went off)	quickly
Eat more	slowly
I am in a hurry	always, in the morning
English people like to dress	for dinner
Can you tell me	the right time
Have you seen the manager?	anywhere
He has gone	to the theatre
On Saturdays my mother bakes a cake	often, in the kitchen
Can you read	his handwriting

Übersetze: *Heute ist es wärmer als gestern, aber das Wetter wird bald wieder kühler werden. In München haben wir immer einen heißen Sommer. Ist in London der Sommer auch so heiß? Ich kann es Ihnen nicht sagen, ich bin nie in London gewesen. Ich verbringe meinen Urlaub immer in den bayerischen Bergen. In England fahren die Leute gern ans Meer. Sie verlassen London am Samstagnachmittag und kommen am Montag früh zurück. Du solltest langsamer essen und trinken! Wer kann mir ein gutes Hotel angeben? Ich kann meinen Hut nirgends finden, hat ihn jemand gesehen? Dieser Kellner ist immer sehr höflich. Kellner müssen höflich* antworten.

(Fehlende Ausdrücke im Wörterverzeichnis nachsehen!)

31st lesson

Die Speisenkarte. Wildbret (game)

deer *Hirsch*	roe *Reh*
venison *Hirsch-, Rehbraten*	stag *Hirsch*

hare *Hase*
  jugged hare / hasenpfeffer } *Hasenpfeffer*
rabbit *Kaninchen*
reindeer *Renntier*
wild boar *Wildschwein*
grouse *Haselhuhn*
partridge *Rebhuhn*
pheasant *Fasan*
quail *Wachtel*
snipe *Schnepfe*
wild duck *Wildente*
wild goose *Wildgans*
woodcock *Waldschnepfe*

Übung: Venison steak, broiled woodcock en casserole, braised venison with sour cream, roast wild duck with rice, baked partridge with onions, fried rabbit, broiled reindeer steak.

Die Verhältniswörter (prepositions)

Der Unterschied zwischen der englischen und der deutschen Denk- und Ausdrucksweise kommt besonders deutlich beim Gebrauch der unscheinbaren Verhältniswörter (Präpositionen) zum Ausdruck. Man übe und merke sich besonders die nachfolgenden Redewendungen, bei welchen der englische Gebrauch vom deutschen abweicht.

about *um, herum; bei; ungefähr;* I have no money about me *ich habe kein Geld dabei;* it is about 2 o'clock *es ist ungefähr 2 Uhr,* about 50 dollars *ungefähr 50 Dollar;* there is something wrong about it *da stimmt etwas nicht*

across *über, durch:* across the bridge *über die Brücke;* across the meadows *durch die Wiesen*

after *nach (hintereinander):* one after another *einer nach dem andern;* after dinner *nach dem Abendessen;* after all *schließlich;* day after day *Tag um Tag;* the month after next *der übernächste Monat*

ago *vor (in die Vergangenheit zurückweisend):* 3 weeks ago *vor 3 Wochen*

along *entlang, längs:* along the street *die Straße entlang;* come along *komm her!, schnell!*

among *unter, mitten drin:* among those papers *unter (zwischen) jenen Zeitungen;* among other things *unter anderem*

at *an, bei, auf, in zu:* at the door *an der Türe;* at table *bei Tisch;* at dinner *beim Essen;* at the butcher's *beim Metzger;*

at the theatre *im Theater;* at school (church) *in der Schule (Kirche);* at home *zu Hause, daheim;* at 3 o'clock *um 3 Uhr;* at noon (midnight) *um Mittag (Mitternacht);* at the same time *zur gleichen Zeit;* angry at *böse über;* astonished at *erstaunt über;* surprised at *überrascht über*

before *vor:* before the door *vor der Türe;* before 5 o'clock *vor 5 Uhr*

behind *hinter:* behind the cupboard *hinter dem Büfett;* behind time *unpünktlich;* behindhand *im Rückstand*

between *zwischen (zwei Dingen):* between the door and the window *zwischen Tür und Fenster;* between 2 and 3 o'clock; the money was shared between the two boys *das Geld wurde zwischen den beiden Jungen geteilt*

by *neben, bei, an, bis (spätestens), durch, von, mit, aus, nach* by the window; by *Rosenheim* (via R.) *über R.;* I must get the money by Saturday *ich muß das Geld bis spätestens Samstag bekommen;* he was fired by the boss *er wurde vom Chef entlassen;* by airmail *durch Luftpost;* by bus (tram, *amer.* streetcar, train, car, truck *usw.*) *mit dem Omnibus (Straßenbahn, Zug, Auto, Lastkraftwagen usw.),* by experience *aus Erfahrung;* by sight *vom Sehen;* a room 15 by 20 feet *ein Zimmer 15 × 20 Fuß (ca. 5 mal 7 m);* by this clock *auf (nach) dieser Uhr;* by the way *nebenbei, übrigens.*

Übung: *Ich habe eine Verabredung mit dem Chef ungefähr um 3 Uhr; können Sie mir sagen, wie spät es jetzt ist? Ich habe leider keine Uhr dabei, aber auf der Kirchturmuhr ist es 10 Minuten vor 3. Oh, hier sehe ich den Chef die Straße entlang kommen* (coming). *Er ist nie unpünktlich und er wäre auch böse über Ihr Zuspätkommen. Wie sind Sie hergelangt? Mit der Straßenbahn. Aber ich habe schon 10 Minuten vor der Türe gewartet, ich bin vor einer Viertelstunde gekommen. Nebenbei (gesagt), was für eine Art Mann ist Ihr Chef? Ich kenne ihn bis jetzt* (so far) *auch nur vom Sehen, ich glaube, daß er sehr streng ist, denn mein Vorgänger* (predecessor) *wurde von ihm entlassen, weil er oft unpünktlich gewesen war.*

Untersuche die früheren Übungen auf den Gebrauch der Präpositionen! Bilde Sätze mit obigen Redensarten!

32nd lesson

Die Speisenkarte. Gemüse (vegetables)

artichoke *Artischoke*
asparagus *Spargel*
bean *Bohne*
  string bean *Schnittbohne*
cabbage *Kohl*
  brussels sprouts *Rosenkohl*
  broccoli *Spargelkohl*
  red cabbage *Blaukraut*
carrot *gelbe Rübe*
cauliflower *Blumenkohl*
celery *Sellerie*
chestnut *Kastanie*
corn *(amer.) Mais*
eggplant *Eierpflanze*
kohlrabi *Kohlrabi*
leek *Lauch, Porree*
lentil *Linse*
mushroom *Pilz*
  truffel *Trüffel*
pea *Erbse*
  green peas *grüne Erbsen*
pepper *Paprikaschote*
potato *Kartoffel*
  fried potatoes *Bratkartoffeln*
French fried potatoes *Pommes frites*
mashed potatoes *Kartoffelpüree*
potatoes in their jackets (skins) *Kartoffeln im Schlafrock (in der Schale)*
  shoestring potatoes *(wörtlich: „Schnürsenkel"-Kartoffeln) sehr dünne Bratkartoffeln*
  straw potatoes *Strohkartoffeln*
pumpkin *Kürbis*
sauerkraut *Sauerkraut*
spinach *(spr.* spinidsch*) Spinat*
turnip *(weiße) Rübe*
rice *Reis*
macaroni *Makkaroni*
noodles *Bandnudeln*
spaghetti *Spaghetti*

Übung: asparagus in cream, boiled string beans with tomato sauce, broccoli sauce hollandaise, brussels sprouts with chestnuts, sauteed cauliflower, braised celery, chestnut purée, corn in cream, baked stuffed eggplant, boiled leeks with butter sauce, stuffed mushrooms, creamed fried onions, stuffed green peppers, potato croquettes, stewed potatoes, French fried potatoes (pommes frites), spinach with rice, steamed pumpkin, broiled tomatoes, vegetable goulash (consisting of onions, green peppers, corn, and tomatoes).

Here is a vegetarian dinner: cream of green pea soup, mushroom cutlet, macaroni with white sauce, artichokes tartare sauce, tomato salad, apricot cream, salad of mixed fruit.

down *hinunter, herunter:* down the street *die Straße hinunter* downtown *in die Stadt* downstairs, *die Treppe hinunter, drunten*

during *während (wenn man dafür auch „in" im Deutschen setzen kann, sonst* „while") during the lesson, dagegen: while he is sleeping

for *auf, lang (Zeitraum), für, nach, wegen:* for hours *stundenlang;* she has been ill for six weeks *sie ist seit 6 Wochen krank;* to apply for a job *sich um eine Arbeit bewerben;* to ask for *verlangen nach;* to leave for *abreisen nach;* once for all *ein für allemal;* for want of *aus Mangel an* („for" *am Satzanfang heißt meist „denn"!)*

from *aus, von ... her, gegen:* from Berlin; a letter from my mother; from 4 to 6 o'clock; to protect from *schützen gegen*

in *in, auf, an:* in Paris; in France; in the street (*amer.* on the street) *auf der Straße;* in the square *auf dem Platz;* in the country *auf dem Lande;* in a week; in good health *bei guter Gesundheit;* in the morning (afternoon, evening); in May; in summer; in particular *insbesondere;* in time *rechtzeitig;* in turn *der Reihe nach;* in English *auf englisch*

into *in ... hinein, auf:* I go into the room; to translate into English *ins Englische übersetzen;* to cut into pieces *in Stücke schneiden;* to get into trouble *in Unannehmlichkeiten geraten;* (*aber:* Put the books in the cupboard)

of *aus, über, von:* Bread is made of flour; he spoke of his boss; to think of *denken an;* I am of opinion *ich bin der Meinung;* proud of *stolz auf;* fond of *erpicht auf;* to consist of *bestehen aus;* to take care of *sich kümmern um;* to get rid of *los werden;* to remind of *erinnern an*

off *weg, von, ab:* the apple fell off the tree *der Apfel fiel vom Baum;* I am off today *ich habe heute meinen freien Tag;* off service *dienstfrei;* off limits *„Zutritt verboten";* to put off *verschieben;* to take off *ausziehen, abnehmen;* I must be off *ich muß jetzt weg*

on *auf, an, bei, über:* on the table; on the wall *(z. B. ein Bild);* on Saturdays; on the first of January; on the contrary *im Gegenteil;* on this occasion *bei dieser Gelegenheit;* to live on *leben von*

out of *aus ... heraus;* out of the window; "out of sight, out of mind" *aus den Augen, aus dem Sinn;* out of fashion *aus der Mode.*

Übung: *Bitte, kommen Sie herunter, jemand verlangt nach Ihnen. Guten Morgen, mein Herr, ich komme von Herrn Watson und möchte mich um eine Kellnerstelle bewerben. Wie lange sind Sie bei Herrn Watson gewesen? Ich bin seit fünf Jahre bei ihm, aber er mußte mich aus Mangel an Arbeit entlassen. Gut, kommen Sie in einer Woche wieder, zwischen 10 und 11 Uhr morgens.*

Können Sie mir ein paar englische Sprichwörter sagen? Ja, ich kenne einige, hier sind sie: Aus den Augen, aus dem Sinn. Viele Köche verderben den Brei (die Brühe). Zeit ist Geld. Hunger ist der beste Koch (die beste Soße). Es ist nicht immer leicht, die deutschen Sprichwörter ins Englische zu übersetzen. Ich bin ganz Ihrer Meinung.

Woraus wird Käse gemacht? Woraus besteht ein gutes Abendessen? Warum kümmern Sie sich nicht besser um Ihre Gesundheit? Aber ich bin bei guter Gesundheit! Wovon lebt er? Wie könnten wir ihn los werden? Woran denken Sie? Warum ziehen Sie Ihren Mantel nicht aus? Wann ist Ihr freier Tag? Haben Sie heute nicht dienstfrei? Ist der Zutritt zu diesem Restaurant nicht für amerikanische Soldaten verboten?

33rd lesson

Die Speisenkarte. Salate (salade); Käse (cheese)

cole slaw *Art Krautsalat*
chicory *Chicoree*
cucumber *Gurke*
endive *Endivie*
escarole *Winterendivie*
beetroot / red beet *rote Rübe / rote Beete*
lettuce *Kopfsalat*
romaine *Sommerendivie*
watercress *Brunnenkresse*
mixed vegetable salad *Salat aus gemischten Gemüsen*
crisp *knusprig, mürbe*

Englische Käse:
Cheddar
Cheshire, Chester, Stilton
Kontinentaler Käse:
Dutch cheese *Holländer (Edamer) Käse*
Camembert *französischer Weichkäse*
Gruyère *Schweizer Käse*
Roquefort *französischer Kräuterkäse*
Gorgonzola *italienischer Kräuterkäse*
Welsh rabbit *geröstetes Brot mit heißem Käse belegt*
cheese spread *Streichkäse*

Übung: Many people like salads because they are refreshing, especially in summer. By the way, salads are also very wholesome and protect the body from illness. Many vegetables may be served as salads, in particular asparagus, cabbage, celery, potatoes and tomatoes. Fish, eggs, cold meat, finely grated cheese may be added. The Americans often add dates, raisins or nuts. A mixture of oil, vinegar or lemon juice, salt, pepper and mustard, which is called salad dressing, is poured over the salad leaves to season them. Such dressing is to be found in grocery stores. For green salads we sometimes use sour cream or sweet cream to which vinegar or lemon juice has been added.

In America cheese and crackers are commonly served with salads. If a dessert follows, only one type of cheese is offered, but when the salad ends the meal, a tray containing several kinds of cheese may be passed. Mostly there is also some butter on the tray. Do you know any American types of cheese? Yes, there is the so-called "American cheese" or "American cheddar" and a cheese called "Liederkranz". American cheese is generally used for cheese dishes accompanied by salads, and often by beer. It is also used in sandwiches, especially in the "cheeseburgers". Cheese also finds a place for itself in the preparation of many appetizers; grated American or Parmesan cheese, which can be bought ready-to-use or prepared in the kitchen, is served with certain soups or au gratin dishes, macaroni, spaghetti etc.

refreshing *erfrischend*
wholesome *gesund, bekömmlich*
illness *Krankheit*
in particular *insbesondere*
date *Dattel*
raisin *Rosine*
nut *Nuß*
mixture *Mischung, Gemisch*
leaf *(Mehrz.* leaves*) Blatt*

grocery store *Lebensmittelgeschäft*
common(ly) *gewöhnlich, allgemein*
to follow *folgen*
type, style *Art*
manner, way *Art u. Weise*
tray *Tablett*
to accompany *begleiten*
preparation *Zubereitung*
ready-to-use *gebrauchsfertig*

Die Verhältniswörter. (Schluß)

since *seit (mit Angabe des Zeitpunktes):* He has been ill since the 10th of June.
„since" *heißt auch „da ja":* since you know him *da Sie ihn ja kennen.*

through *durch:* through the door; through his courtesy *durch seine Gefälligkeit*

till *bis:* till 11 o'clock in the night;
aber: as far as Birmingham *bis B.*

to *an, bis, in, nach, zu:* I go to town (to school, to church) *ich gehe in die Stadt (Schule, Kirche);* to the theatre (concert, pictures) *ins Theater (Konzert, Kino);* from 10 to 12; polite to *höflich zu;* I write to my father.
to amount to *sich belaufen auf;* to bow to *sich verbeugen vor;* to object to *etwas einzuwenden haben;* to speak to *sprechen mit, sowie die mit „to" verbundenen Tätigkeitswörter der 20. Lektion*

under *unter* under the chair; under control of *unter der Kontrolle;* under age *minderjährig;* under the (these) circumstances *unter diesen Umständen*

up *bis, hinauf, auf, zu:* to come up *herankommen;* I give up smoking *ich gebe das Rauchen auf;* up to now *bis heute;* up to date *modern;* it is up to you to choose *an Ihnen ist es, zu wählen*
to get up *aufstehen;* to make up one's mind *sich entschließen*

with *mit, bei, vor:* I have no watch with (about, *auch:* on) me; with us in Germany *bei uns in Deutschland;* the joint is carved with a special knife; he was pale with fear *er war bleich vor Furcht*
to comply with *sich fügen, willfahren*
to be angry with (at) } *böse sein*
to be cross with }

within *innerhalb:* within two miles of Manchester; within three days

without *ohne, außerhalb:* His bungalow is without the town *seine Villa ist außerhalb (vor) der Stadt;* without money; without delay *ohne Verzögerung, unverzüglich*
I cannot do without it *ich kann ohne es nicht auskommen.*

Übersetzung: *Ich kenne ihn seit 1945. Wir werden bis Frankfurt fahren. Geht dein Bruder noch zur Schule? Die Rechnung belief sich auf ungefähr 15 Pfund. Er hatte nicht soviel Geld bei sich. Unter diesen Umständen gab ich ihm die Rechnung nicht. Bis heute ist er nicht wiedergekommen. Jetzt ist es an Ihnen, zu entscheiden, was getan werden soll. Glauben Sie, er wird mir böse sein, wenn ich ihn an sein Versprechen erinnere? Wo ist seine Villa? Sie ist außerhalb der Stadt, innerhalb einer halben Meile von Pasing. Kann ich mit der Straßenbahn hingelangen? Bei euch in den Vereinigten Staaten sind die Eisenbahnen sehr modern. Was hatte er gegen den Film (picture) einzuwenden? Er fand, daß die Musik altmodisch war.*

34th lesson

Die Speisenkarte. Nachtisch (dessert)

1. Süßspeisen (sweets, sweetmeats)

apple fritter *Apfelküchlein*
cake *Kuchen*
  shortcake *Mürbeteigkuchen*
confections *Konfekt*
cookies *kleines Gebäck*
custard *Eierrahm*
dumpling *Klößchen*
ice cream *Speiseeis*
jelly *Gelee, Gallerte*
junket *Milchgelee*
macaroon *Makrone*
meringue *Meringe (Schaumgebäck)*
pie *Pastete (auch für Fleisch und Fisch)*
  apple-pie *Apfelkuchen, -pastete*
  cherry-pie *Kirschkuchen*
  mince pie *mit gehackten Früchten gefüllte Pastete* (mincemeat = *gehackte Früchte)*
pastry *Gebäck*
pudding *Pudding*
  chocolate pudding *Schokoladepudding*

plum pudding (Christmas p.) *Rosinenpudding*
rice pudding *Reispudding*
soufflé *Auflauf*
apricot soufflé *Aprikosenauflauf*
sponge cake *Sandkuchen*
tart *Obstkuchen, Obsttörtchen*
waffle *Waffel*
whipped cream *Schlagsahne*
fancy cake *Torte*
wafer *Oblate*
grown-up *Erwachsener*
popular *beliebt*
favourite *Lieblings-*
above *obige*
to enumerate *aufzählen*

Übung: Not only children love all kinds of desserts, but the grown-ups, too, are very fond of them, especially in England and America. Pies and puddings are very popular, but ice cream is perhaps the dessert that most people ask for in the States. What is your favourite dessert? Cherry-pie, I think. Besides the above list, there are hundreds of sweets to be found on English and American menus. It would be impossible to enumerate them all here.

Strawberry shortcake, apple dumplings, baked rhubarb pudding, steamed chocolate nut pudding, chocolate soufflé, banana fritters, caramel custard, coffee jelly, fruit wine jelly, vanilla ice cream, burnt almond ice cream, iced meringues, nut macaroon wafers, plum tart with custard. *(Die hier erwähnten Früchte finden sich in Lektion 35.)*

Das Gerundium

1. **Before leaving** the house, please remember the staff. *Bevor Sie aus dem Hause gehen, denken Sie bitte an das Personal.*
2. Our hotel lobby is **worth seeing.** *Unsere Hotelhalle ist sehenswert.*
3. Would you **mind closing** the window? *Würde es Ihnen etwas ausmachen, das Fenster zu schließen?*
4. You must use any **opportunity of speaking** English. *Sie müssen jede Gelegenheit benützen, Englisch zu sprechen.*
5. **Cooking** is an interesting job. *Das Kochen ist eine interessante Beschäftigung.*

6. The headwaiter does the **carving.** *Der Oberkellner erledigt das Zerschneiden.*
7. a) **Having finished** his dinner, he went out. *Nachdem er sein Abendessen beendet hatte, ging er aus.*
   b) The weather **being** fine, he went out. *Da das Wetter schön war, ging er aus.*

Die Verwendung der durch Anhängen der Endung -ing *an das Tätigkeitswort entstehenden Form beschränkt sich nicht auf die Verlaufsform (Lektion 11), sondern erstreckt sich auf eine ganze Reihe von Ausdrucksweisen, in der man diese Form „Gerundium" heißt. Das Gerundium nimmt eine Mittelstellung zwischen Hauptwort und Tätigkeitswort ein, d. h. es kann sowohl ein Hauptwort als auch ein Tätigkeitswort ersetzen. Es steht vor allem nach gewissen Präpositionen (Beispiel 1): after, for, by, in, on, without,* instead of *(anstatt),* on account of *(wegen).*

Das Gerundium steht ferner nach einigen Eigenschaftswörtern (Beispiel 2): fond of, proud of, far from *(weit entfernt davon), sowie nach gewissen Hauptwörtern (Beispiel 4):* intention of *Absicht;* liberty *of Freiheit;* pleasure of *Vergnügen.*

Viele Tätigkeitswörter haben das Gerundium nach sich (Beispiel 3):

to begin, to start *anfangen;* to continue, to keep, to go on *weiterfahren*

to like, to hate *(hassen),* to enjoy, to mind, to prefer

to avoid *vermeiden;* to remember *sich erinnern*

to insist on *bestehen auf;* to depend (rely) on *sich verlassen auf*

to prevent from *hindern an;* to succeed in *gelingen (Erfolg haben)*

to be interested in *sich interessieren für;* to be on the point of *im Begriffe sein;* to be accustomed to *gewöhnt sein an;* to be busy *geschäftig sein.*

Das Gerundium kann Satzgegenstand sein (Beispiel 5), es kann auch Satzergänzung sein (Beispiel 6).

Schließlich dient die „ing-Form" auch zur Verkürzung von Nebensätzen und heißt dann Mittelwort (Partizip) der Gegenwart. Die beiden Sätze können den Satzgegenstand gemeinsam haben (Beispiel 7 a), können aber auch verschiedenes Subjekt haben (Beispiel 7 b).

Übung: On entering the hotel, I met my old friend Baker. He looked into the street without seeing me. You can prevent this sauce from turning sour by adding some bicarbonate of soda. Far from being an enemy *(Feind)* of sports, he likes swimming and skiing. I had no intention of lending him any money. Have I the pleasure of speaking to Mr. Ellis? Go on reading! Keep smiling! I hope you won't mind my troubling you at such an hour. The boss insisted on my coming tomorrow. I hope he can rely on your being here in time. Nobody succeeded in getting tickets for the show *(Vorstellung)*. We were on the point of leaving when he turned up *(auftauchte)*. This gentleman is always busy writing. French people are accustomed to having a cup of coffee after dinner.

bicarbonate of soda *Natron*
swimming *das Schwimmen*
skiing *das Skilaufen*
to smile *lächeln*
to trouble *stören*

35th lesson

Die Speisenkarte. Nachtisch

2. Obst (fruits)

apple *Apfel*
apricot *Aprikose*
banana *Banane*
berry *Beere*
  bilberry *Heidelbeere*
  blackberry *Brombeere*
  cranberry *Preiselbeere*
  gooseberry *Stachelbeere*
  raspberry *Himbeere*
  strawberry *Erdbeere*
  currant *Johannisbeere*
cherry *Kirsche*
date *Dattel*
fig *Feige*
grapes *Trauben*
grapefruit *Pampelmuse, Grapefruit*
greengage *Reineclaude*
lemon *Zitrone*
lime *Limone*
melon *Melone*
nut *Nuß*
  Brazil nut *Paranuß*
hazelnut *Haselnuß*

coconut *Kokosnuß*
walnut *Walnuß*
almond *Mandel*
orange *Orange*
peach *Pfirsich*
pear *Birne*
pineapple *Ananas*
plum *Pflaume, Zwetschge*
prune *gedörrte Pflaume*
rhubarb *Rhabarber*
preserves / preserved fruits *Kompott, eingemachte Früchte*
stewed fruits *gedünstetes Obst, Kompott*
canned fruit *Obst in Büchsen*
quick frozen fruits *tiefgekühltes Obst*
cobbler *eisgekühltes Fruchtgetränk*
fresh fruit cup / salad of mixed fruit *Obstsalat*
choice *Wahl; auserlesen, vortrefflich*
such as *wie z. B.*
to appear *erscheinen*
direct(ly) *direkt, unmittelbar*
to ferment *gären (lassen)*
to distil *destillieren*

Übung: Fruits are not only desserts, many Englishmen and Americans begin the day with fruit in some form. Orange juice and grapefruit are among their favourites at breakfast. Certain kinds of fruit, such as melon, avocadoes (a tropical fruit), cranberries, and the juice of oranges, grapefruit and grapes appear in opening courses (appetizers). Last not least, lemon, lime and orange as well as tomato juice, and cherries are used in cocktails and long drinks.

Beverages, such as wine, cider, lemonade, and some liqueurs, such as cherry brandy and kirsch(wasser) are made either directly from fresh fruit, or by fermenting and distilling their juice.

Übersetzung von „lassen“

1. a) I ordered him to leave the room. *Ich ließ ihn das Zimmer verlassen.*
   b) I made him leave the room. *Ich ließ ihn das Zimmer verlassen.*
2. a) I **have** my hair **cut.** *Ich lasse mir die Haare schneiden.*
   b) Where do you get yourself shaved? *Wo lassen Sie sich rasieren?*

3. a) Let him run! *Laß ihn laufen!*

b) Please, let me know when you leave. *Bitte, lassen Sie es mich wissen, wenn Sie abreisen.*

Bedeutet das deutsche „lassen" soviel wie „befehlen", so wird es in der Regel mit „to order" *oder* „to command" *übersetzt (Beispiel 1 a). Etwas schwächer ist* „to make" *(mit Nennform ohne* „to"*), es bedeutet etwa „anordnen, veranlassen" (Beispiel 1 b).*

Einen Auftrag oder Wunsch drücken „to have" *und* „to get" *mit dem Mittelwort der Vergangenheit aus (Beispiele 2 a und b). Vergleiche deutsch „ich bekomme mein Haar geschnitten" und beachte die Wortstellung!*

Ein Erlauben, Zulassen drückt „to let" *aus (Nennform ohne* „to"*), Beispiel 3 a. Hierfür kann auch* „to suffer" *(leiden),* „to allow" *oder* „to permit" *stehen (alle mit* „to"*).*

Einen Grenzfall bildet die Verwendung von „to let" *in Redensarten wie Beispiel 3 b, wo es sich um eine Bitte und nicht um ein Zulassen handelt.*

Weitere Redensarten mit „lassen":

bid him come in *laß ihn hereinkommen*
don't keep us waiting *laß uns nicht warten*
tell her to lay the table *laß sie den Tisch decken*
leave off crying (stop, have done crying) *laß das Weinen sein*
let me alone *laß mich in Ruhe*
he cannot refrain from drinking *er kann das Trinken nicht sein lassen*
it cannot be proved *es läßt sich nicht beweisen*
send for the doctor *laß den Arzt holen*
the doctor was sent for *man ließ den Arzt holen*
he enjoys his dinner *er läßt sich das Essen schmecken*
this wine drinks well *dieser Wein läßt sich trinken*
(suffer yourself to) be advised *laß dir raten*
take it easy! *laß dir Zeit, nur nichts überstürzen!*
I have been told *ich habe mir sagen lassen*

Übersetze: *Dies ist die Wäscherei, wo ich meine Wäsche waschen und bügeln lasse. Hast du sie den Tisch abräumen lassen? Lassen Sie uns in Ruhe! Der Chef ließ uns eine Stunde früher weggehen (veranlassen und zulassen!). Lassen Sie mich Ihnen meinen Freund Mills vorstellen. Laß das Spielen sein! Laß mich einen Blick in die Zeitung werfen. Wer ließ den Elektriker* (electrician) *kommen? Er wird seine Tochter nie einen Ausländer heiraten lassen. Bitte, lassen Sie uns um 6 Uhr wecken. Kann ich mich auf Sie verlassen? Er ließ uns eine halbe Stunde warten, bevor er uns eintreten ließ.*

III. Teil

36th lesson

Breakfast

over there *dort drüben*
over here *hier herüben*
jug, pitcher *Kännchen, Krug*
sugar-basin, sugar-bowl *Zuckerdose, Zuckerschale*
bap *(schott.) Brötchen*
bun *Art Semmel mit Korinthen*
muffin *runder, flacher Teekuchen (wird geröstet und mit Butter gegessen)*
scone *dreieckiger Weizen- oder Gerstenmehlkuchen*
nothing but *nichts als*
good gracious *du lieber Gott!*
sight-seeing *Besuchen der Sehenswürdigkeiten*
to exclaim *ausrufen*
visitor *Besucher*
basket *Korb, Körbchen*

Guest (to the reception clerk of the hotel): Can I get breakfast or is it too early? I am rather in a hurry.

Reception clerk: Certainly, sir, breakfast is served from 7 to 9 in the breakfast-room over there. It is just seven o'clock.

Waiter: Good morning, sir. Do you want tea, coffee, chocolate or cocoa?

Guest: Bring me some coffee, please.

W.: Yes, sir. Do you want boiled, fried or scrambled eggs?

G.: I should like eggs and bacon.
(The waiter puts a coffee-pot, a milk-jug, and a sugar-bowl with lump-sugar on the table.)

W.: Do you want any rolls or toast, sir?

G.: Only some white bread and a little marmalade or honey. (The waiter comes back with some bread in a basket, and some marmalade in a little bowl.)

W.: Here you are, sir.

G.: Give me the bill (check), please.

W.: Here it is, sir. Two pounds twenty pence.

G.: Here are two pounds fifty. Keep the rest.

W.: Thank you very much, sir. Good morning, sir.

Tea

Waitress: Good afternoon, madam. Do you want tea? A pot or a cup?

Guest: Just a cup, please. Very hot tea I would like.

W.: With milk or lemon juice, madam?

G.: Cream, if possible.

W.: Would you like any buns, muffins or scones?

G.: Bring me two buns, some butter and some strawberry jam.

W.: All right, madam. Here you are.

G.: How much is it?

W.: That's forty pence for the tea, thirty pence for the buns and fifty pence for butter and jam. One pound twenty pence together, madam.

G.: Here you are.

W.: Thank you, madam. Good-bye, madam.

Nothing but Meals

A man had come up from the country to see London. On leaving his hotel, he asked the reception clerk the hours of the meals.

"Breakfast is served from 7 to 10, lunch from 10 to 3, tea from 4 to 6, and dinner from 7 till 9", was the answer.

"Good gracious", exclaimed the visitor, "when shall I have time for sight-seeing?"

37th lesson

An English Bill of Fare

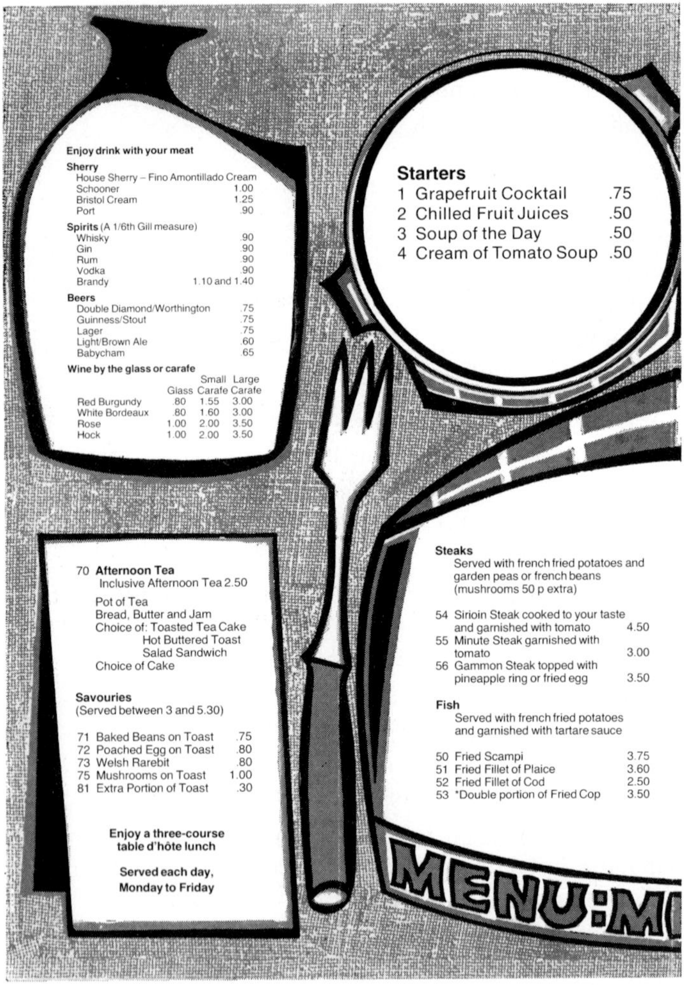

Enjoy drink with your meat

Sherry

House Sherry – Fino Amontillado Cream	
Schooner	1.00
Bristol Cream	1.25
Port	.90

Spirits (A 1/6th Gill measure)

Whisky	.90
Gin	.90
Rum	.90
Vodka	.90
Brandy	1.10 and 1.40

Beers

Double Diamond/Worthington	.75
Guinness/Stout	.75
Lager	.75
Light/Brown Ale	.60
Babycham	.65

Wine by the glass or carafe

	Glass	Small Carafe	Large Carafe
Red Burgundy	.80	1.55	3.00
White Bordeaux	.80	1.60	3.00
Rose	1.00	2.00	3.50
Hock	1.00	2.00	3.50

Starters

1	Grapefruit Cocktail	.75
2	Chilled Fruit Juices	.50
3	Soup of the Day	.50
4	Cream of Tomato Soup	.50

70 **Afternoon Tea**
Inclusive Afternoon Tea 2.50

Pot of Tea
Bread, Butter and Jam
Choice of: Toasted Tea Cake
Hot Buttered Toast
Salad Sandwich
Choice of Cake

Savouries
(Served between 3 and 5.30)

71	Baked Beans on Toast	.75
72	Poached Egg on Toast	.80
73	Welsh Rarebit	.80
75	Mushrooms on Toast	1.00
81	Extra Portion of Toast	.30

Enjoy a three-course table d'hôte lunch

Served each day, Monday to Friday

Steaks
Served with french fried potatoes and garden peas or french beans (mushrooms 50 p extra)

54	Sirioin Steak cooked to your taste and garnished with tomato	4.50
55	Minute Steak garnished with tomato	3.00
56	Gammon Steak topped with pineapple ring or fried egg	3.50

Fish
Served with french fried potatoes and garnished with tartare sauce

50	Fried Scampi	3.75
51	Fried Fillet of Plaice	3.60
52	Fried Fillet of Cod	2.50
53	*Double portion of Fried Cop	3.50

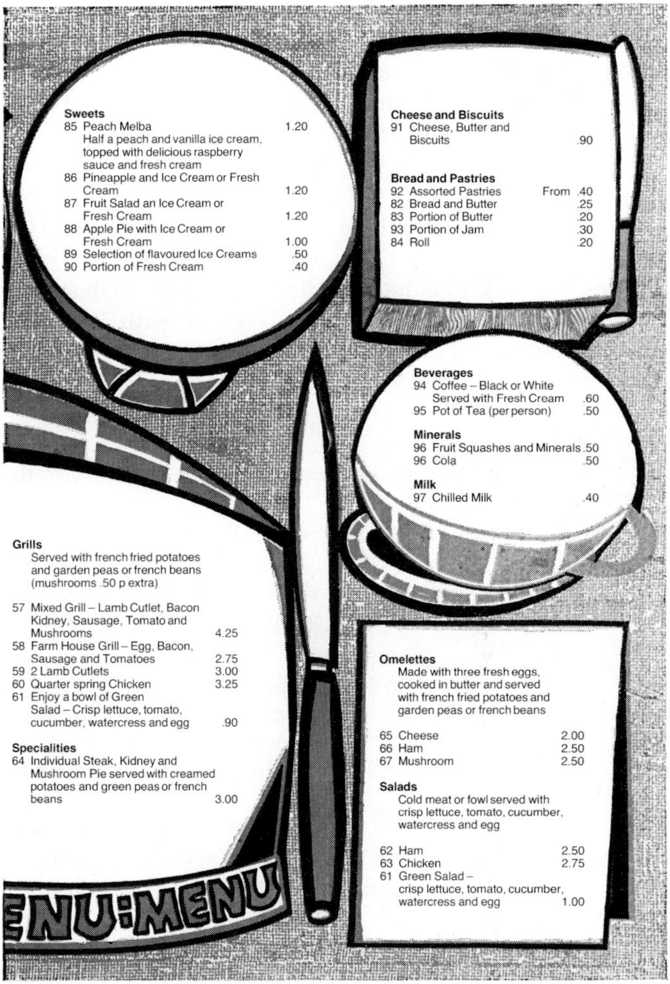

Sweets

85 Peach Melba 1.20
Half a peach and vanilla ice cream, topped with delicious raspberry sauce and fresh cream
86 Pineapple and Ice Cream or Fresh Cream 1.20
87 Fruit Salad an Ice Cream or Fresh Cream 1.20
88 Apple Pie with Ice Cream or Fresh Cream 1.00
89 Selection of flavoured Ice Creams .50
90 Portion of Fresh Cream .40

Cheese and Biscuits

91 Cheese, Butter and Biscuits .90

Bread and Pastries

92 Assorted Pastries From .40
82 Bread and Butter .25
83 Portion of Butter .20
93 Portion of Jam .30
84 Roll .20

Beverages

94 Coffee – Black or White Served with Fresh Cream .60
95 Pot of Tea (per person) .50

Minerals

96 Fruit Squashes and Minerals .50
96 Cola .50

Milk

97 Chilled Milk .40

Grills

Served with french fried potatoes and garden peas or french beans (mushrooms .50 p extra)

57 Mixed Grill – Lamb Cutlet, Bacon Kidney, Sausage, Tomato and Mushrooms 4.25
58 Farm House Grill – Egg, Bacon, Sausage and Tomatoes 2.75
59 2 Lamb Cutlets 3.00
60 Quarter spring Chicken 3.25
61 Enjoy a bowl of Green Salad – Crisp lettuce, tomato, cucumber, watercress and egg .90

Specialities

64 Individual Steak, Kidney and Mushroom Pie served with creamed potatoes and green peas or french beans 3.00

Omelettes

Made with three fresh eggs, cooked in butter and served with french fried potatoes and garden peas or french beans

65 Cheese 2.00
66 Ham 2.50
67 Mushroom 2.50

Salads

Cold meat or fowl served with crisp lettuce, tomato, cucumber, watercress and egg

62 Ham 2.50
63 Chicken 2.75
61 Green Salad – crisp lettuce, tomato, cucumber, watercress and egg 1.00

Lunch

Waiter: Good day, sir, do you want to have lunch?

Guest: Yes, hand me the bill of fare, please.

W.: Will you eat à la carte or do you want a three-course lunch?

G.: I prefer eating à la carte.

W.: Do you take soup, sir? Perhaps the soup of the day?

G.: Well, if it is a clear soup.

W.: Chickenbroth, sir.

G.: That's fine.

W.: What fish would you like, sir? Fillet of plaice or cod?

G.: Is it fried?

W.: Yes, sir. And what next? Today's special is Irish stew.

G.: Nothing for me. Can I have a steak with French fried potatoes?

W.: Certainly, sir. Will you drink beer or wine?

G.: A glass of stout, please.

W.: Any dessert, sir?

G.: What is the gentleman getting at the table over there? It looks appetizing.

W.: It's apple pie with fresh cream. But I'am afraid there is none left.

G.: No matter. I must avoid sweets anyway. Bring me a cup of coffee and tell me how much it is all together.

	Bill.
Beer	55
Soup	60
Fish	3.20
Steak	5.10
Coffee	55
	£ 10.00

Waiter: Beer fifty-five pence, soup sixty pence, that makes one pound fifteen pence, fish three twenty, steak five ten, that makes nine pounds, forty-five and ten pounds exactly with the coffee.

Guest: Here are twenty pounds.

W.: You get ten pounds back.

G.: Here is something for yourself.

W.: Thanks very much, sir, Good-bye, sir.

oder:

Check.

Beer	1.25
Soup	1.50
Fish	5.20
Steak.......	9.80
Coffee......	1.00

Waiter: Beer one dollar 25, soup 1 dollar 50, that makes 2 dollars 75, fish 5 dollars 20, 7 dollars 95, steak 9 dollars 80, that is 17 dollars 75, and 18 dollars 75 cents with the coffee.

Guest: Here is a twenty dollar note, keep the rest for yourself.

W.: Thanks very much, sir. Goodbye, sir.

The Big Steak

One day during the war, when meat rations were very scanty, a gentleman entered a London restaurant to order a steak.

When the meal was finished, the waiter asked the guest: "How did you find the steak?"

"Oh, it was very simple", answered the gentleman, "I just lifted up a potato and there it was."

"To become"

A German, having just arrived in London, went into a restaurant to have dinner. As the room was quite full of people, the waiter was so busy that a long time elapsed before he could serve our countryman.

Growing impatient, the guest said: "Waiter, when shall I become a beefsteak?"

"Never, sir, I hope", was the waiter's reply.

---

war *Krieg*
ration *Zuteilung*
sc**a**nty *dürftig*
just *eben, gerade, bloß*
to el**a**pse *vergehen*
countryman *Landsmann*
imp**a**tient *ungeduldig*

Dinner

BEFORE YOU ORDER MAY WE SUGGEST A...

Side Car £ 2.25	Collins £ 2.00
Alexander £ 2.25	Manhattan £ 2.25
White Lady £ 2.00	Whisky Sour £ 2.00
Old Fashioned £ 2.75	Grasshopper £ 2.25
Daiquiri £ 2.00	Bacardi £ 2.00
Whisky, from £ 1.20	Vodka, from £ 1.25
Gin, from £ 1.20	Rum, from £ 1.25
Dubonnet £ 1.00	Noilly Prat £ 1.00
Campari £ 1.00	Sherry £ 1.15

4-1 MARTINI

Oddenino's special Martini
made with GILBEY'S GIN and
DRY MARTINI
£ 2.50

DRAUGHT BEERS

	PINT	HALF-PINT
Whitbread	£ 1.15	60p
Tartan Bitter	£ 1.15	60p
Guinness	£ 1.40	75p
Harp Lager	£ 1.40	75p

APPETIZERS

Half grapefruit £ 1.25	Prawn cocktail £ 2.75
Chef's special duck terrine £ 2.00	Avocado pear "Oddenino" £ 1.50
Smoked Scotch salmon £ 7.00	Chilled melon £ 1.75

Potted shrimps served with hot toast £ 2.25

SOUPS

Chilled soup of the day £ 1.00	Cream soup of the day £ 1.00
Turtle with Sherry £ 3.00	Clear oxtail soup £ 1.25
Onion soup £ 1.00	Minestrone £ 1.25

CHEF'S SALAD

ROAST BEEF
CHICKEN & HAM,
Served with lettuce,
cucumber, cole slaw,
tomato and beetroot
£ 4.00

FISH

Fried Fillets of Plaice £ 4.75
Grilled Dover Sole £ 8.00
Fried Scampi £ 6.75

BEEFEATER

TENDER MINUTE STEAK TOASTED SANDWICH,
Garnished with tomato, gherkins and potato crisps £ 5.00

OMELETTES

Ham, Cheese, Mushroom or Fines Herbes £ 2.00

PRIME ROAST RIB OF BEEF

Baked potato with sour cream, and chives, chopped bacon and Yorkshire pudding £ 7.00

FROM THE CHARCOAL GRILL

HALF SPRING CHICKEN AND BACON: Served with tomato and straw potatoes £ 4.50

SIRLOIN STEAK: Garnished with grilled tomato and mushrooms £ 8.75

FILLET STEAK: Served with sauce Bearnaise, garnished £ 9.25

T-BONE STEAK: Garnished with watercress and straw potatoes £ 11.25

RUMP STEAK: Garnished with grilled tomato and mushrooms £ 7.75

LAMB CUTLETS (3): Served with mint sauce, garnished £ 5.75

PORK CHOP: Served with a baked apple £ 5.00

CHOPPED BEEF STEAK: Served in a toasted bap with fried onion rings and tomato £ 5.50

MIXED GRILL: Mignonette of beef, lamb cutlet, sausage, kidney, bacon, mushrooms and grilled tomato £ 6.75

CALVES LIVER: Served with bacon and tomato £ 7.50

FRESH NEW SEASON VEGETABLES per portion £ 1.25

VEGETABLES per portion 75 p

POTATOES: French fried, boiled or baked 75 p

SALADS: Green or mixed with dressing of your choice £ 1.30

SWEETS

A choice of fresh fruit, freshly baked pies and pastries £ 1.75
Ices £ 1.50

CHEESE BOARD

A selection of fine cheeses served with biscuits
£ 1.25

COFFEE

Cona coffee 50 p
Hag coffee 75 p
Irish coffee £ 2.00

Cover Charge: Dinner only 50 p

Service Charge 15%

He: Where would you like to have dinner tonight, darling, to celebrate our wedding day?

She: Oh, I know a very nice restaurant not far from here, just a few blocks to the left. I think it's called "Bulldog Chophouse".

He: I see which you mean. The one on the ground-floor of the Royal Garden Hotel in Kensington High Street. If I'm not mistaken, their specialty is charcoal grilled steaks. Well, let's go there to enjoy a savoury steak.

Waiter: Good evening, madam, good evening, sir. Would this table near the window suit you?

He: Oh, I think it'll be perfect.

She: It's awfully nice here. Well, I'am hungry.

He: So am I. Let me have a look into the menu. How about a cocktail to begin with, darling?

She: All right. A Manhattan.

He: The same thing for me.

W.: Very well, sir, two Manhattans. And what else may I bring you?

He: A little starter. Oh, there is chilled melon! Bring us two portions. And two T-bone steaks afterwards.

She: Isn't a T-bone steak rather big, waiter?

W.: Indeed, madam, it is. May I suggest a fillet steak instead for you? It is much smaller, of course, but the tenderest of all.

That's it, a T-bone steak, underdone, for my husband, and a fillet steak, well done, for me.

He: And please bring us a bottle of red burgundy, let's say the 1981 Fleurie which is on the list. And Irish coffee to close the meal.

W.: Very well, thank you, sir.

Übung: Stelle nach obigem Menü und der Weinkarte von S. 138/139 die Rechnung zusammen, einschließlich Gedeck und Bedienung!

39th lesson

Rooms

single room *Einzelzimmer*
double (-bedded) room *Doppelbettzimmer*
front room *Vorderzimmer*
back room *rückwärtiges Zimmer*
vacant *frei, leer*
to put up with *sich abfinden*
darling *Liebling*
terms *Bedingungen, Preise*
attendance *Bedienung*
included *eingeschlossen, inbegriffen*
to oversleep oneself *verschlafen*
to show a person into *jemand hineinführen, einweisen*
to think it over *es sich überlegen*
engaged *besetzt*
I'll be able to *ich werde können*

Gentleman: Good evening.

Reception clerk: Good evening, sir. What can I do for you?

G.: Can I get a room?

R. C.: Yes, sir, single or double?

G.: A double room, my wife is waiting in the lobby.

R. C.: I am afraid there's only one double room left on the fifth floor.

G.: Is it a front or a back room?

R. C.: A back room, but if you want to stay more than one night, I can give you a nice front room on the first floor that will get vacant tomorrow.

G. (to his wife): What do you think about it, darling? Shall we take the room on the fifth floor?

Lady: Oh, I think we could put up with it for one night, it's really too late to look for another hotel. (To the reception clerk:) But are we sure to get the better room tomorrow?

R. C.: Absolutely, madam.

G.: How much do you charge that room? (What are your terms?)

R. C.: Twenty pounds, breakfast included, attendance two pounds extra.

G.: All right. Would you tell the porter to fetch our luggage (baggage) from the station. Here is the ticket.

R. C.: Very well, sir. Now, if you will kindly enter your name here.

L. (to her husband): Don't forget to have us called tomorrow. We are sure to oversleep ourselves, being so tired.

G. (to the reception clerk): Please have us called at seven thirty tomorrow morning. I say, how much would you charge for board and residence?

R. C.: One hundred eighty pounds a week for one person, no extras. (The hallporter shows the gentleman and lady into their room.)

L.: Oh, I dislike this room! It's so dark and small. Fortunately it's only for one night.

G.: How can I call the waiter?

H. P.: For the waiter please press the button once, and for the chambermaid, twice.
(The gentleman rings the bell. The chambermaid comes in.)

Chambermaid: Did you ring the bell, sir? What can I do for you?

G.: We should like to have a bath, can you prepare it now?

Ch.: Certainly, sir, but all the bathrooms are engaged for the moment. I think that in twenty minutes or so I'll be able to call you.

G.: Well then, that will do (that's all right, that's O. K.). Please tell us as soon as everything is ready. Where is the bathroom?

Ch.: On the left at the end of the corridor, sir.

40th lesson

Kitchen recipes

to preh**ea**t *vorwärmen*
to grease *fetten*
rack *Gestell, Rost*
inch *Zoll (engl. Maß 2,5 cm)*
bel**o**w *unter, unterhalb*
to red**u**ce *vermindern*
to cont**i**nue *weiterfahren*
to sprinkle *bestreuen*
to des**i**re *wünschen*
to ret**ai**n *zurückbehalten*
to rem**o**ve *wegnehmen*
to overc**oo**k *zu lange kochen*
dash *kleine Menge, Prise*
cay**e**nne *Cayennepfeffer*
to div**i**de *teilen*
slight(ly) *leicht, geringfügig*
c**o**nstant(ly) *ständig*
to th**i**cken *dick werden*
yield *Ertrag, Ergebnis*
to reach *erreichen*
point *Punkt*
to curdle *gerinnen*
drop *Tropfen*
to wipe *abtrocknen*
to incr**ea**se *steigern, vermehren*
to decr**ea**se *vermindern, abnehmen*

1. Broiled steak

Preheat broiling oven 5 to 10 minutes. Grease broiler rack. Wipe meat with cloth, place on rack, and broil 2 or 3 inches below heat. The door of the broiling oven should be left open. Sear steak on both sides under high heat, reduce heat and continue cooking, turning from time to time. For a rare (underdone) steak 1—1½ inches thick, allow 12 to 15 minutes. For a rare steak 2 inches thick, allow 15 to 18 minutes. Increase time for medium and well-done steak. Sprinkle both sides with salt and pepper and spread with soft butter, if desired. Serve with French fried potatoes and baked or fried onions, and with béarnaise sauce (recipe see below).

Note: Steak continues to cook by retained heat after it is removed from the broiler. Be careful not to overcook it!

2. Béarnaise sauce

1 cup butter, 4 egg yolks, 1 tablespoon vinegar, dash of cayenne, chopped parsley.

Divide butter in two portions and put one piece in small saucepan with slightly beaten egg yolks and vinegar. Hold saucepan over a larger pan containing hot — but not boiling — water and stir constantly until butter is melted. Add remaining butter and stir until sauce thickens. Remove from heat, season with cayenne and mix in two tablespoonfuls of chopped parsley. Yield: about one cup sauce.

Note: Never let the water reach the boiling point. The sauce should not curdle if these directions are followed. If the sauce should curdle, beat in a tablespoonful of heavy cream, drop by drop.

Pastry

p**a**stry cook, confectioner *Konditor, Zuckerbäcker*
b**a**tter *Schlagteig*
dough *Kuchenteig*
cake tin, cake mould *Kuchenform*
c**oo**kie sheet *Backblech*
pastry board *Nudelbrett*
sp**a**tula Spatel
r**o**lling pin *Nudelholz*
to dip *eintauchen*
to fold *falten*
to roll *ausrollen*
to sift *sieben*
to stone *entkernen*
to tilt *neigen*
evenly *gleichmäßig*
to r**e**h**ea**t *aufwärmen*
ingr**e**dients *Zutaten*
b**a**king p**ow**der *Backpulver*
c**a**ndied **o**range (l**e**mon) peel *Orangeat, Zitronat*
c**i**nnamon *Zimt*
c**u**rrant *Korinthe*
r**ai**sin *Rosine*
sult**a**na *Sultanine*
dripping *Schmalz*
sh**o**rtening *(amer.) Backfett*
m**a**rgarine *Margarine*
lard *Schweineschmalz*
l**e**mon rind *Zitronenschale*
treacle, s**y**rup *Sirup*
g**i**nger *Ingwer*
van**i**lla *Vanille*
yeast *Hefe*

3. French Pancakes

4 eggs, beaten, 2 cups milk, 1 teaspoon salt, 2 cups pastry flour.

Put ingredients in a bowl, stir until smooth, cover and let stand at least half an hour. The batter should be thin — just thick enough to coat a spoon dipped in it. If the batter is too thick, stir in a little more milk. Heat a 6-inch frying pan, grease it slightly with salad oil. Pour in just enough batter to cover the pan with a very thin layer. Tilt the pan so that the batter can spread evenly. Cook on one side, turn with a spatula and brown the other side. Cook the pancakes one by one. Roll up or fold in quarters. Keep warm if you are serving them immedately, or put aside and reheat in the oven. The above quantities make 2 to 3 dozen.

41st lesson

Erkundigungen (inquiries) und Auskünfte (information)

Stranger: Pardon me, sir, can you tell me the nearest way to Hotel Cecil? (Can you direct me to Hotel Cecil?)

Gentleman: I am a stranger here myself. Ask a policeman.

St. (to a policeman): Is this right for Hotel Cecil?

Policeman: Go straight on that street, take the first turning to the left and cross the square.

G.: Is it far from here?

P.: A fifteen minutes' walk. There is also a bus passing by the hotel. It starts from the corner over there. There it is coming.

G.: Thank you, I'll try to catch it.

Stranger: Excuse me, is this the right way to the station?

Gentleman: Quite right. Just follow the track of the tram and you can't miss it.

S.: How long will it take me to get there?

G.: About twenty minutes, but you had better take the tram, if you are in a hurry. It passes every five minutes and takes you there in five minutes.

S.: Thank you so much, sir.

G.: Don't mention it (you're welcome).

Stranger: I beg your pardon, sir, is this the right way to the Opera house?

Gentleman: No, sir, you are going wrong. It's quite the opposite direction. Turn back and take the second turning to your left.

S.: Where does this street lead then?

G.: To the General Post Office.

---

to direct *den Weg weisen*
straight on *gerade aus*
turning *Biegung, Querstraße*
to cross *überschreiten*
to catch *erwischen, fangen*
to miss *versäumen, verfehlen*
track *Spur*
it takes me 10 minutes *ich brauche 10 Minuten*
to take *hinbringen*
opposite *entgegengesetzt*
to lead, led, led *führen*

Verkehr (traffic)

avenue *breite (bepflanzte) Straße*
driveway *Autostraße*
highway, highroad *Landstraße*
road, street *Straße*
square *Platz*
thoroughfare *Durchfahrtsstraße*
pavement, sidewalk *(amer.)* *Bürgersteig*
main street *Hauptstraße*
roadway *Fahrdamm*
junction, intersection, crossroads *Straßenkreuzung, Verkehrsknotenpunkt*
traffic lights *Verkehrsampel*
means of communication *Verkehrsmittel*
vehicle *Fahrzeug*
bicycle (bike) *Fahrrad*
motorcycle *Motorrad*
motor-car *Kraftfahrzeug, Auto*
taxi(-cab) *Taxe*
bus *Omnibus*
truck, lorry *Lastkraftwagen*
trailer *Anhänger*
tram *Straßenbahn*
street car *(amer.)* Straßen*bahn*
tube *(engl.)*, subway *(amer.)* *Untergrundbahn*
elevated *(amer.)* *Hochbahn*
driver *Fahrer, Chauffeur*
driver's license *Führerschein*

R e d e n s a r t e n :

I ask my way *ich frage nach meinem Weg*
I go by bus (tram, tube etc.) *ich fahre mit dem Omnibus*
I board a bus *ich besteige einen Omnibus*
I ride on top of the bus *ich fahre auf dem Verdeck*
I get in *ich steige ein*
I get out (off), I alight *ich steige aus*
Mind the car! *Achtung, ein Auto!*
Beware of pickpockets! *Achtung, Taschendiebe!*
Fares please! *Fahrscheine, bitte!*

V e r k e h r s s c h i l d e r (t r a f f i c s i g n - b o a r d s) :

Caution! *Vorsicht!*
Bad curve! *Gefährliche Kurve!*
Do not enter! *Keine Einfahrt!*
Keep to right! *Rechts fahren!*
No parking! *Parkverbot!*
Parking (lot) *Parkplatz.*
One way (street) *Einbahnstraße.*
No right (left) turn! *Nicht rechts (links) abbiegen!*
Speed-limit 25 m. p. h. (miles per hour). *Höchstgeschwindigkeit 25 Meilen (= 40 km) pro Stunde*

Drive carefully, death is so permanent! *Fahrt vorsichtig, der Tod ist endgültig (wörtlich: „dauerhaft")!*

42nd lesson

D a s R e i s e n (T r a v e l l i n g)

railw**ay** } *Eisenbahn*
railr**oad** *(amer.)* } *Eisenbahn*
arr**i**val *Ankunft*
b**oo**king **o**ffice *Schalter*
to book (a ticket) for *ein Billett nach . . . lösen*
c**a**rriage *Wagen*
p**a**ssenger carriage *Personenwagen*
d**i**ning-car } *Speisewagen*
d**i**ner *(amer.)* } *Speisewagen*

sleeping-car
sleeper *(amer.)* } *Schlafwagen*

berth *Bett (i. Schlafwagen)*

luggage van
baggage car *(amer.)* } *Gepäckwagen*

to catch a train *einen Zug rechtzeitig erreichen*

to change trains *umsteigen*

cloak room *Gepäckaufbewahrung*
(amer. left baggage office)

compartment *Abteil*

smoking compartment
smoker } *Raucherabteil*

non-smoking c.
non-smoker } *Nichtraucherabteil*

connection *Anschluß*

custom house *Zollamt*

custom house officer *Zollbeamter*

delay *Verspätung*

departure *Abfahrt, Abreise*

engine
locomotive } *Lokomotive*

due *fällig*

overdue *überfällig*

fare *Fahrgeld*

guard *Schaffner*

journey *Reise*

trip *kurze Reise, Ausflug*

excursion *Ausflug*

to go on a journey *eine Reise machen*

to travel *reisen*

traveller *(amer.* traveler) *Reisender*

to leave for
to start for } *abreisen nach*

luggage
baggage *(amer.)* } *Gepäck*

hatbox *Hutkoffer*

suitcase *Handkoffer*

trunk *großer Reisekoffer*

to miss a train *einen Zug versäumen*

fellow-passenger *Mitreisender*

passenger *Fahrgast, Reisender*

platform *Bahnsteig*

porter *Gepäckträger*

rack *Gepäcknetz*

to register
to label } *aufgeben (Gepäck), etikettieren*

to see off *an die Bahn bringen*

stationmaster *Bahnhofsvorstand*

ticket *Fahrkarte, Billett*

single ticket *einfaches Billett*

return ticket *Rückfahrkarte*

platform ticket *Bahnsteigkarte*

season ticket *Abonnementskarte*

ticket inspector
ticket collector } *Kontrolleur*

terminus *Endstation*

time-table
railway-guide } *Fahrplan, Kursbuch*

train *Zug*

omnibus train *Personenzug*

express (fast) train *D-Zug*
goods train *Güterzug*
regular (scheduled) train *fahrplanmäßiger Zug*
special train *Sonderzug*
through train *durchgehender Zug*

waiting-room *Wartesaal*
voyage *Seereise*
liner *Ozeandampfer*
steamer *Dampfer*
airplane (plane) *Flugzeug*

clipper *Atlantikflugboot*
aerodrome, airport, airfield *(amer.)* *Flugplatz, Flughafen*

Wörter zum Gespräch:

constant(ly) *fortwährend*
sudden(ly) *plötzlich*
to blow, blew, blown *blasen*
to throw, threw, thrown *werfen*
to laugh *lachen*
together *zusammen*

Traveller (at the booking-office): A through ticket, second, single, to Edinburgh, please.

Clerk: You are taking the nine fifteen train, aren't you?

T.: That's it.

C.: Thirty-two pounds and fifty pence, sir.

T.: Here you are, thirty-three pounds.

C.: Fifty pence change.

T.: Porter!

Porter: Yes, sir.

T.: Take my trunk to the luggage-office to have it registered. Then fetch my suit-case that I put in the cloakroom. You'll find me on the platform of the nine fifteen express to Edinburgh.

P.: Very well, sir.

T.: (to a guard): Does the Edinburgh express start from this platform?

Guard: Yes, sir, you are on the right platform. It should be due in five minutes, but there is a delay of 15 minutes today.

P.: (coming up with the suitcase): Do you want a smoker or a non-smoker compartment, sir?

T.: Non-smoker, and a corner seat, if possible.

P.: Here is a nice corner seat facing the engine. I put your suitcase on the rack, sir.

T.: Thanks. Here's something for you.

P.: Thank you, sir. Hope you will have a good journey.

Merke: Take your seats, please! *Einsteigen, bitte!*

Keep back! *Zurücktreten!*

Do not cross the lines (tracks)! *Überschreiten der Gleise verboten!*

Do not alight before the train stops! *Nicht aussteigen, bevor der Zug hält!*

Do not lean out of the window! *Nicht aus dem Fenster lehnen!*

Ladies only! *Damenabteil!*

Safety first! *Sicherheit in erster Linie!*

Have you anything to declare? *Haben Sie etwas zu verzollen?*

An Englishman was travelling in France. He constantly put his head out of the carriage window. Suddenly the wind blew his hat off. He at once took his hat-box and threw it after the hat. Then he sat down smiling.

"Surely", said one of his laughing fellow-passengers, "you don't expect your hat-box to bring back your hat?"

"Yes, I do", answered the Englishman. "No name on the hat. Full name and address on the box. They will be found together, and I shall get both. Do you see now?"

43rd lesson

Vergnügungsstätten
(place of entertainment)

cinema *Kino, Filmtheater*
picture house, pictures, movies } *Kino*

film, picture, movie } *Film*
mystery picture *Kriminalfilm*

c**o**ncert hall *Konzertsaal*
m**u**sic-hall *Varietétheater*
opera house *Oper*
th**e**atre *(amer.* theater**)** *Theater*
box **o**ffice } *Theaterkasse*
b**oo**king office } *Theaterkasse*
box *Loge*
circle *Rang*
dr**e**ssc**i**rcle *1. Rang (Mitte)*
pit *Parkett*
stall *Sperrsitz*
upper circle } *2. Rang*
amphie } *2. Rang*
g**a**llery *Galerie*
entrance *Eingang*
exit *Ausgang*
orchestra *Orchester*
cond**u**ctor *Dirigent*
band *Kapelle, kleines Orchester*
b**a**ndl**ea**der *Kapellmeister*
cath**e**dral *Kathedrale, Dom*
church *Kirche*
exhib**i**tion *Ausstellung*
mus**e**um *Museum*
p**i**cture g**a**llery *Gemäldesammlung*
zoo *Tierpark*

Wörter zum Gespräch:

pl**ay**goer *Theaterbesucher*
ast**ou**nding *verblüffend*
queue *Schlange (stehen)*
usher *Platzanweiser*
usher**e**tte *Platzanweiserin*
what is on? *was wird gespielt?*
thr**i**lling *packend*
trem**e**ndous(ly) *furchtbar, sehr*
to book *lösen (Billett)*
in adv**a**nce *im voraus*

Stranger: I am a stranger here. Will you kindly tell me how I could spend my evening?

Gentleman: Do you like theatres?

S.: I am not much of a playgoer.

G.: Then you will perhaps prefer a music-hall. There is an astounding musical clown at the Empire.

S.: Really? Is it easy to get a ticket?

G.: Oh, there is always a queue at the box-office. You had better go at once, or else the tickets will be sold out.

A.: Where have you been this evening?

B.: At the pictures.

A.: Did you enjoy yourself? What was on?

B.: A mystery picture. It was thrilling. I enjoyed it tremendously. You must go and see it, too. It will be on all the week.

A.: I am glad to hear you have had a good time. Did you have a good seat?

B.: Oh, yes, you see, my girl friend is an usherette in that picture-house. So I have not even to book my seat in advance.

Das unbestimmte Fürwort „es"

1. a) **It** is snowing. *Es schneit (gerade).*
   b) **It** is necessary to have English money when you are travelling in England. *Es ist nötig, daß man englisches Geld hat, wenn man in England reist.*
   c) Oh, **it** is you, Mr. Swift. — Yes, **it** is me (I). *Oh, Sie sind es Herr Swift. — Ja, ich bin es.*
   d) **It** is my turn to have an afternoon off. *Ich bin an der Reihe, einen freien Nachmittag zu bekommen.*
2. Who is this lady? **She** is Mrs. Maxwell. *Wer ist diese Dame? Es ist Frau Maxwell.*
3. Is the bathroom engaged? I think **so.** *Ist das Badezimmer besetzt? Ich denke es.*
4. **There** was no room left. *Es war kein Zimmer übrig.*
5. a) Can you speak French? No, I cannot. *Können Sie französisch sprechen? Nein, ich kann e s nicht.*
   b) Do you know where the boss is? No, I don't know. *Weißt du, wo der Chef ist? Nein, ich weiß e s nicht.*

„It" *wird verwendet: bei wirklich unpersönlichen Redensarten (Beispiel 1 a und 1 b), jedoch nicht in vielen Redensarten, die im Deutschen unpersönlich sind (z. B. es tut mir leid* = I am sorry); *bei Hervorhebung* (it is I who ... = *ich bin es, der ...) und gewissen ähnlichen Redensarten (Beispiele 1 c und 1 d).*

Statt „es" muß „he, she, they" *stehen, wenn es mit einer Form von* „to be" *verbunden ist und sich auf eine Person oder Mehrzahl bezieht (Beispiel 2).*

Bei Tätigkeitswörtern des Sagens und Denkens, des Seins, Bleibens und Werdens, sowie bei „to do" *übersetzt man* „es" *durch* „so" *(Beispiel 3).*

Nimmt „es" *nicht auf etwas vorher Gesagtes Bezug, so muß der Satz mit* „there" *beginnen (Beispiel 4).*

Schließlich wird „es" *überhaupt nicht übersetzt a) bei den unvollständigen Hilfszeitwörtern (Beispiel 5 a) und b) bei* „to know, to show, to tell, to try *und* to be", *wenn auf den vorhergehenden Satz Bezug genommen wird (Beispiel 5 b).*

44th lesson

Gesundheit und Krankheit (Health and Illness)

accident *Unfall*
be**a**stly *ekelhaft*
to catch (a) cold *sich erkälten*
cold in the head *Schnupfen*
to cons**u**lt *konsultieren*
to cough *(spr.* kohf*) husten*
dentist *Zahnarzt, Dentist*
d**o**ctor, phys**i**cian *Arzt, Doktor*
to fall ill *krank werden*
f**e**ver, t**e**mperature *Fieber*
for **a**ges *eine Ewigkeit*
h**e**althy, sound *gesund*
h**o**spital *Krankenhaus*
h**ea**dache *Kopfweh*
indig**e**stion *Verdauungsstörung*
infl**ue**nza (flu) *Grippe*
m**e**dicine *Medizin*
nurse *Krankenschwester (auch Kinderschwester)*
pain *Schmerz*
p**ai**nful *schmerzhaft*
prescr**i**ption *Rezept*
to stay in bed *im Bett bleiben*
s**u**bject to *unterworfen sein*
to s**u**ffer from *leiden an*
to take care of *in acht nehmen*
t**oo**thache *Zahnweh*
to turn out *sich herausstellen*

A.: Hallo, Mr. B.! How are you feeling this morning? You look much better than yesterday.

B.: Oh, thank you, I'm really better today. Yesterday I was much worse. That beastly cold in the head, you know. I was afraid it would turn out to be a flu and that

I would have to stay in bed, as I also coughed a lot. But now I have no temperature.

A.: You are really subject to colds, aren't you? When did you catch this one?

B.: I guess I caught it when I went to Birmingham by train the other day. I had a seat near the window.

A.: You should take better care of yourself. I say, what's the matter with your brother? I have not seen him for ages.

B.: You really don't know? Why, he had a motorcycle accident some weeks ago and was taken to hospital with a broken leg. I went to see him yesterday, he is quite well again. The doctors and nurses are ever so good there.

A.: By the way, Mrs. A. (my wife) has been suffering from a terrible toothache these two days. Do you know a good dentist?

B.: Well, there is one near our house, 28 or 30 Blossom Street, just around the corner.

A.: Thanks, Mr. B. Hope you will soon be quite well again. Remember me to all at home.

B.: Thank you, I will. So long then, Mr. A.

Wie wird „man" übersetzt?

1. a) **One** must pay **one's** debts. *Man muß seine Schulden bezahlen.*
   b) In a cafeteria **one** must help **oneself.** *In einem Automatenrestaurant muß man sich selbst bedienen.*
2. a) **You** never can tell. Man kann nie wissen.
   b) **You** go through a little street and (you) find the Hotel Cecil to **your** left. *Man geht durch eine kleine Straße und hat das Hotel Cecil zu seiner Linken.*
3. When travelling **we** are very glad to find a good hotel. *Wenn man reist, ist man froh, ein gutes Hotel zu finden.*
4. I went to the station and **they (people)** were very nice to me. *Ich ging zum Bahnhof und man war sehr nett zu mir.*

5. This hotel **is said** to be the best. *Man sagt, daß dieses Hotel das beste ist (dieses Hotel soll das beste sein).*

6. A waiter must know **how to** carve a fowl. *Ein Kellner muß wissen, wie man ein Geflügel zerschneidet.*

Das deutsche unbestimmte Fürwort „man" kann übersetzt werden mit:

„one" *(nicht sehr häufig), wenn man ganz allgemeine Tatsachen ausdrücken will (Sprüche); (Beispiele 1 a und 1 b);*

„you" *(sehr häufig), wenn der Angesprochene auch zu den mit „man" bezeichneten Personen gehört, seltener* „we" *(Beispiele 2 a und 2 b);*

„they" *oder* „people", *wenn weder Sprechender noch Angesprochener zu den mit „man" bezeichneten Personen gehören (Beispiel 4);*

mit der Leideform, besonders bei „man sagt" (Beispiel 5);

mit „how to" *und Nennform, besonders bei „wie man ..." (Beispiel 6).*

Beachte: *Zu* „one" *gehört das besitzanzeigende Fürwort* „one's" *und das rückbezügliche Fürwort* „oneself" *(deutsch „sein" und „sich"!).*

Übersetze: *Man bekommt nicht immer, was man (sich) wünscht. Man kann zu gleicher Zeit sehr reich und sehr unglücklich sein. Man arbeitet nicht schwer in unserer Küche. Arbeitet man schwer in eurem Hotel? In Ihrem Restaurant scheint man keine guten Weine zu haben. Man war sehr freundlich zu ihm und lud ihn ein, wiederzukommen. In England geht man im Sommer sehr viel an die See. Man sagte meinem Vater (Leideform!), daß ich krank sei (war). Der Küchenchef zeigte mir, wie man einen Truthahn füllt.*

An anxious father went to see his son who was ill. At the door of the sickroom he met a beautiful girl, just leaving. Going in, he found his son looking surprisingly well.

"The fever has left me", the young man explained.

"Yes", replied his father. "I met her going out as I was coming in."

anxious *besorgt*
sickroom *Krankenzimmer*
surprising(ly) *überraschend*
to explain *erklären*

After dinner rest a while,
after supper walk a mile.

Early to bed and early to rise
Makes a man healthy, wealthy
and wise.

to rest *ruhen*
while *Weile*
to rise, rose, risen *aufstehen*
wealthy *wohlhabend*
wise *klug, weise*

45th lesson

Korrespondenz (correspondence). Postamt (post office)

address *Adresse*
airmail *Luftpost*
cable *Kabeltelegramm*
c.o.d. (cash on delivery) *Nachnahme*
to collect *sammeln, leeren*
collection *Sammlung, Leerung*
counter *Schalter*
to despatch, to send off } *absenden*
to fill in *ausfüllen*
form *Formular*
letter *Brief*
letter box *Briefkasten*
pillar-box *(engl.)*, mail box *(amer.)* } *Briefkasten (auf der Straße)*

money order, postal order } *Postanweisung*
note-paper *Briefpapier*
envelope *Briefumschlag*
parcel, package *(amer.)* } *Paket*
parcel post office *Paketpostamt*
pen *Feder*
pencil *Bleistift*
fountain-pen *Füllfederhalter*
insufficient(ly) *ungenügend*
in case falls
to dictate *diktieren*
to type *auf der Schreibmaschine schreiben, tippen*
secretary *Sekretärin*

shorthand-typist *Stenotypistin*
typewriter *Schreibmaschine*
post office *Postamt*
G.P.O. (General Post Office) *Hauptpostamt*
postage *Postgebühr, Porto*
to post a letter / to mail a letter *einen Brief aufgeben*
postal clerk *Postbeamter*
postman *Briefträger*
postcard *Postkarte*
poste restante / letters to be called for *postlagernde Briefe*
printed matter *Drucksache*
to register *einschreiben lassen*
registered letter *eingeschriebener Brief*
receipt *Quittung*
receiver *Empfänger*
addressee *Adressat*
sender *Absender*
telegram / wire *Telegramm*
telegraph office *Telegrafenamt*
stamp *Briefmarke*
to take down *aufnehmen, niederschreiben*
portable *tragbar, Reise-*
of my own *eigen*
office boy *Bürolehrling*
overweight *Übergewicht*
even *sogar, noch*

Hotel guest (to reception clerk): Are there any letters for me?

Reception clerk: What name, sir?

G.: Mr. Wright.

R. C.: Oh, there is quite a lot of mail, two letters, a postcard, some newspapers and printed matters.

G.: Yes, I have also my magazines sent here. Did you pay anything for me?

R. C.: Yes, sir, this parcel seemed to be insufficiently stamped. I paid fourpence extra postage.

G.: Here you are. Now I should like to write a letter and despatch a telegram.

R. C. The writing-rooms is on the first floor, sir. You will find everything you want there, including telegram forms. In case you want to dictate letters and get them typed (written on the typewriter) there is a secretary at your disposal. She is an excellent shorthand typist and will be ready in a minute.

G.: Thank you, but I have a portable typewriter of my own.

G. (having written his letter and wire): Hallo, boy!

Bellboy: Here, sir. What can I do for you?

G.: Take this letter to the post office and have it registered, and despatch that wire. Here are five pounds for the postage and fee. Don't forget to give me the receipt.

B.: Well, sir, I'll right be back.

Overweight

The postal clerk weighed Mac Gillicuddy's letter and said: "I'm sorry, it's too heavy. You'll have to put another stamp on it."

"Why", said Mac Gillicuddy, "that makes it even heavier!"

The new office boy had been sent to the post office for the first time. When he came back, the boss asked him: "Well, Smith, did you post my letters?"

"Yes, sir", answered the boy, "but I put them in the pillarbox while nobody was looking, to save the postage for you. Here are the stamps."

46th lesson

Telefon (telephone)

to answer the te**l**ephone *das Telefon bedienen*

by te**l**ephone *telefonisch*

b**u**sy / eng**a**ged } *besetzt*

call *Gespräch, Ruf*

to call up / to ring up } *anrufen*

to ring off *abläuten*

call box / telephone-box } *Telefonzelle, Kabine*

p**u**blic call room *öffentliche Telefonzelle*

to conn**e**ct *verbinden*

to disconn**e**ct *trennen*

d**i**al *Wählscheibe*

to dial *wählen*

dir**e**ctory *Telefonbuch*

ext**e**nsion *Nebenstelle*

exch**a**nge *Telefonamt*
to hold the line *am Apparat bleiben*
line *Leitung, Nummer, Apparat*
l**o**cal call *Ortsgespräch*
long d**i**stance call *(amer.)*, trunk call *Ferngespräch*
to put through *durchverbinden*
to rec**ei**ve a call *angerufen werden*
rec**ei**ver *Hörer, Empfänger*
urgent call *dringendes Gespräch*
voice *Stimme*
d**i**seng**a**ged *frei*

Wörter zum Gespräch:

to dist**u**rb *stören*
to make sure *sich vergewissern*
app**oi**ntment *Verabredung*
awful(ly) *schrecklich, sehr*
to hold good *gelten*
to sw**a**llow *verschlucken*
in the m**ea**ntime *inzwischen*

(The telephone rings at the hotel.)

Operator: This is Hotel Savoy. Whom do you want to speak to?

Voice: Mr. Dawson, please.

O.: I'll see if he is in. (He rings up the floor clerk.) Hallo, is Mr. Dawson of number 117 in?

Floor clerk: No, he isn't. But I'm to answer the telephone for him. Hallo, sir, this is the floor clerk. Mr. Dawson went out an hour ago and does not expect to be back before dinner. Can I give him any message?

Voice: Yes, please, tell him that I tried to speak to him twice, and that I'll come to see him tomorrow morning between 9 and 10. Good afternoon.

F. C.: Very well, sir. Good afternoon, sir.

Hotel guest (calling the switchboard operator): Hallo, please give me Mayfair 4068 (four—o—six—eight).

Operator: The number is busy (engaged).

G: Please ring me up when the number is disengaged.

O. (after some minutes): Hallo, are you still on the line? You are through (connected), speak up, please!

G.: Mr. Wright speaking. Can I speak to Mr. Sanders?

Servant: No, I'm sorry, sir, Mr. Sanders is not in.

G.: Oh, I see. But perhaps Mrs. Sanders is at home?

S.: I'll make sure, sir. Please hold the line.

Mrs. Sanders: This is Mrs. Sanders. Who is on the phone?

Mr. W.: This is Mr. Wright. How do you do, Mrs. Sanders? I'm so sorry to have disturbed you, but Mr. Sanders asked me to give him a ring to make sure whether our appointment for tonight is still holding good.

Mrs. S.: Oh, I remember, he told me that everything is all right, but maybe he will be some minutes late. So would you please wait for him?

Mr. W.: Thank you, Mrs. Sanders. That's awfully good of you.

Mrs. S.: Remember me to Mrs. Wright. Good-bye, Mr. Wright.

Mr. W.: Thank you, good-bye, Mrs. Sanders.

A doctor once got an urgent call from a big storekeeper saying that his little son had swallowed a fountain-pen.

"I'll come right now", said the doctor. "What are you doing in the meantime?"

"Using a pencil", said the storekeeper.

47th lesson

Gewichte und Maße (weights and measures)

Gewichte (weights)

ounce *(abgekürzt:* oz) *„Unze", ca. 28 g*
pound *(abgekürzt:* lb) = 16 oz *„Pfund", ca. 454 g*
hundredweight *(abgekürzt:* cwt) = 112 lbs *„Zentner", ca. 101 1/2 Pfd.*
ton *(abgekürzt:* t, tn) = 20 cwts *„Tonne", ca. 1017 kg*

Längenmaße (measures of length)
inch *(abgekürzt:* in) *„Zoll", ca. 2,5 cm*

foot *(abgekürzt* ft) = 12 in *„Fuß", ca. 30 cm*
yard *(abgekürzt:* yd) = 3 ft *„Elle", ca. 91 cm*
mile *(abgekürzt:* m, mi) = 1760 yd *„Meile", ca. 1,6 km*

Hohlmaße (measures of capacity)

gill *(spr.* dschill; *abgekürzt:* gi), *14 Zentiliter*
pint *(spr.* paint; *abgekürzt:* pt), = 4 gi, *ca. 57 Zentiliter*
quart *(abgekürzt:* qt) = 2 pt, *ca 1 1/8 Liter*
gallon *(abgekürzt:* gal) = 4 qt, *ca. 4 1/2 Liter (in USA: 3,786 l)*

Temperatur (temperature)

In England und Amerika verwendet man das „Fahrenheit"-Thermometer.

0°	*Celsius*	*entsprechen*	*32°*	*Fahrenheit*	*(Gefrierpunkt)*
25°	*"*	*"*	*77°*	*"*	
50°	*"*	*"*	*122°*	*"*	
100°	*"*	*"*	*212°*	*"*	*(Siedepunkt)*

to weigh *wiegen*
percent *Prozent*
proportion *Verhältnis*
to apply to *sich beziehen auf, gelten für*
petrol *(engl.)* / gasoline *(amer.)* } *Benzin (abg.* gas*)*
filling station *Tankstelle*
inevitable *unvermeidlich*
quartette *Quartett*
to admire *bewundern*
barrel *Faß*
logic *Logik*
pride *Stolz*
to startle *überraschen*
to laugh *(spr.* la:f*) lachen*

Übung: An English pound does not weigh as much as a German pound, it is about one tenth (ten percent) less. The same proportion applies to the yard, which is about nine tenths of a metre.

A hundredweight and a ton, however, are a little heavier than the corresponding German measures.

A pint is a little more than our German half litre, and a quart is a little more than a litre. Petrol (gasoline) is generally sold by gallons, milk, beer and wine by pints and quarts.

Standing

That inevitable quartette, the Englishman, the Irishman, the Swede *(Schwede)*, and the Scotchman, entered a saloon bar. The Englishman stood a round of Scotch (whisky), the

Irishman stood a round of Irish (whisky), the Swede stood six feet one and a half *(war 6 Fuß anderthalb Zoll = 1,87 m groß)*, and the Scotchman stood and admired him.

Logic

A man at a bar finished his second pint of beer and turned to ask the manager of the place: "How many barrels of beer do you sell here in a week?"

"Thirty-five", the manager answered with pride.

"Well, I've just thought of a way you can sell 70."

The manager was startled. "How?"

"It's simple. Fill up the glasses."

Die bestimmenden Fürwörter

1. The climate of England is milder than **that** of Scotland. *Das Klima von England ist milder als das(jenige) von Schottland.*
2. Mr. Watson's restaurant is larger than Mr. Taylor's. *Herrn Watsons Restaurant ist größer als das des Herrn Taylor.*
3. **He** (she) **who** (that) is diligent will be successful in life. *Derjenige (diejenige), welche(r) fleißig ist, wird im Leben erfolgreich sein.*

Das bestimmende Fürwort heißt "that", *Mehrzahl* "those" *(Beispiel 1). Beim sächsischen Wessenfall fällt es weg (Beispiel 2).*

Beziehungssätze (Relativsätze) können sich an das bestimmende Fürwort anschließen (Beispiel 3). Ist das bestimmende Fürwort alleinstehend, ergeben sich folgende Möglichkeiten:

he	who (that)	*der(jenige), welcher*	*wenn sich der Relativsatz auf Personen bezieht*
she		*die(jenige), welche*	
they		*die(jenigen), welche*	
those		*die(jenigen), welche*	

that which *das, was*	*wenn sich der Relativsatz auf Sachen bezieht*
those which *diejenigen, welche*	

He laughs best, who laughs last.

48th lesson

Einkaufen (Shopping)

to go shopping *einkaufen*
shop *Laden, Geschäft*
store *(amer.) Laden*
department store *Kaufhaus*
shopkeeper / storekeeper *Ladenbesitzer*
shop assistant / salesman *Verkäufer*
shopgirl / saleswoman *Verkäuferin*

baker *Bäcker*
butcher *(spr.* butscher*) Metzger*
confectioner *Konditor*
delicatessen *(amer.) Feinkostgeschäft*
fishmonger *Fischhändler*
fruiterer *Obsthändler*
grocer *Kolonialwarenhändler*
greengrocer *Gemüsehändler*
milkman *Milchhändler*
dairy *Molkerei*
provision dealer *Feinkosthändler*
tobacconist *Tabakwarenhändler*
wine merchant *Weinhändler*

barber's shop (saloon) *Herrenfriseur*
hairdresser *Friseur*
bookseller *Buchhändler*
dressmaker *Schneiderin*
tailor *Schneider*
druggist *Drogist*
chemist *Apotheker*
shoemaker *Schuhmacher*
stationer *Papierwarenhändler*
watchmaker *Uhrmacher*

Wörter zum Gespräch:

to require *brauchen, erfordern*
besides *außerdem*
to feed *ernähren, speisen*
complete(ly) *vollständig*
to run out of *mit etwas zu Ende gehen, ausgehen*
tin *(engl.)* / can *(amer.)* *Büchse (Konserve)*
to keep in mind *sich merken, im Kopf behalten*
lad *Bursche*
to get mad *wütend werden*

Chef (phoning) to the butcher): Hallo, Mr. Adams? This is Jones calling. I say, can I get some nice beef for steaks?

Butcher: I can give you a splendid piece of sirloin. How much do you require?

C.: About 4 pounds. Besides, we need some mutton for a stew.

B.: I am afraid there is no mutton today. Would some nice veal do?

C.: We had blanquette de veau yesterday. I can't feed my guests on veal only. What about pork?

B.: I have got lovely spareribs. Your guests like them so much, you told me, don't they?

C.: Well then, 5 pounds of spareribs. And have it sent up at once, will you?

B.: I'm going to prepare everything right now. The boy will be there in half an hour.

C.: So long then, good-bye.

B.: Thank you, good-bye, Mr. Jones.

Cook (to cook's assistant): Freddie, we have completely run out of pepper. Why didn't you tell me before? Now hurry up and go to the grocer's to fetch some. Here is a list of things we need. You may order everything and have it sent. But don't forget to take the pepper with you.

Freddie (entering the grocery): Good morning, Mr. Williams.

Grocer: Good morning, Freddie, what can I do for you?

F.: Oh, I've got quite a big list. Let's see. Two pounds of salt, a halfpound of cayenne, a dozen nutmegs, a bottle of madeira, a can of milk . . .

G.: Stop, my lad, do you think I can keep all that in mind? I tell you what: you leave that list with me and I'll pack up everything and send my boy up with it.

F.: That's just what I wanted you to do. But give me the pepper at once or the chef will get mad.

G.: Here you are.

A clever boy

A boy entered a grocer's shop and said to the shopkeeper: "A pound of sugar at forty-five pence, a pound of butter at one pound forty pence, a pound of cheese at one pound thirty and a half-pound of tea at two pounds thirty-five pence. If I give you six pounds, how much will you give me back?"

The grocer wrote it all down carefully and answered: "Why, fifty pence."

The boy quickly took the bill and said: "Thank you so much. You see, it's my homework for tomorrow. Good-bye!"

Once there lived at Edinburgh an old butcher who was well known for his ready wit. One day two young fellows entered his shop and asked:

"How much is a yard of your pork?"

"One pound", was the prompt reply.

"I'll take a yard", one of the lads replied, and he put his pound on the counter.

The butcher quickly took the money, gave them three pig's feet, and said: "Here, my lads. Three feet make a yard."

clever *klug, gescheit*
why *na, ei!, wieso?*
homework *Hausaufgabe*
ready wit *schlagfertige Antworten, treffsicherer Witz*
prompt *prompt, schnell*
counter *Ladentisch*
pig *Schwein*
to keep, kept, kept *halten, bewahren, zusammenhalten*

Keep your shop, and your shop will keep you.

Ersatzformen für die „unvollständigen" Hilfszeitwörter

1. A waiter must **be able** to carve a fowl. *Ein Kellner muß ein Geflügel zerschneiden k ö n n e n.*
2. You **will** not **be allowed** to leave earlier to-night. *Du wirst heute abend nicht früher weggehen d ü r f e n.*
3. This morning there was no bus, so I **had to** walk. *Heute früh gab es keinen Omnibus, daher m u ß t e ich laufen.*
4. What **am** I **to** do? *Was s o l l ich tun?* (What shall I do? = *was werde ich tun?)*
5. He **wishes to** speak to the manager. *Er will den Geschäftsführer sprechen (nicht* „he will speak . . .", *denn das würde heißen: er wird den G. sprechen).*

6. You **should** (could, might) **have shown** him the room
Du hättest ihm das Zimmer zeigen sollen (können).

Den unvollständigen Hilfszeitwörtern (can, may, must, will, shall) *fehlen Nennform und Mittelwörter. Die Nennformen werden folgendermaßen ersetzt:*

können: to be able *(wörtlich: imstande sein)* to ... *(Beispiel 1);*

dürfen: to be all**o**wed *(wörtlich: erlaubt sein)* to ... *(Beispiel 2);*

müssen: to have to *(vergleiche deutsch: ich habe zu arbeiten) (Beispiel 3);*
to be f**o**rced to *(wörtlich: gezwungen sein);*
to be obl**i**ged to *(wörtlich: verpflichtet sein);*

sollen: to be to *(Beispiel 4);*

wollen: to wish to / to want to } (wörtlich: wünschen) (Beispiel 5);
to int**e**nd to *(wörtlich: beabsichtigen).*

Übersetze: *Er wird solch ein großes Hotel nicht leiten* (to manage) *können. Herr Watson will morgen abreisen. Ein Herr will Sie sprechen, Herr Taylor. Ich wollte um 6 Uhr abreisen, aber ich versäumte meinen Zug. Da er so krank war, durfte er sein Zimmer nicht verlassen. Was sollen wir jetzt tun? Ihr sollt das Geschirr spülen. Wir mußten das Silberzeug putzen. Du wirst früher aufstehen müssen. Du hättest früher kommen sollen.*

49th lesson

Stellensuche (Looking for a Job)

adv**a**ncement *Vorrücken, Aufstieg*
to **a**dvertise *inserieren*
advertisement *(amer. abgekürzt „ad")* / ann**ou**ncement } *Annonce, Inserat*
to agr**ee** *vereinbaren, zustimmen*
to app**ea**r *erscheinen*
app**ea**rance *Erscheinung*
applicant *Bewerber*
applic**a**tion *Bewerbung*
to appl**y** for *sich bewerben um*
app**oi**ntment *Verabredung*
as per *laut, gemäß*
average *durchschnittlich, Durchschnitt*

both ... and *sowohl ... als auch*
to call on *vorsprechen bei*
certificate *Zeugnis*
character *Charakter*
continental *kontinental*
to cut down expenses *Unkosten verringern*
to desire *wünschen*
to discharge *entlassen*
dole *(engl.) Arbeitslosenunterstützung*
employer *Arbeitgeber*
employment agency, placement agency *Stellenvermittlung*
to enclose *beifügen*
experience *Erfahrung*
favourable *günstig*
female *weiblich*
for instance *zum Beispiel*
headline *Überschrift*
honest *ehrlich*
interview *Unterredung*
licensed *konzessioniert*
to live on *leben von*
male *männlich*
opportunity *Gelegenheit, Möglichkeit*
out of work, unemployed *arbeitslos, stellenlos*
personality *Person*
previous *vorhergehend, früher*
qualification *Eignung*
to refer *sich beziehen*
to run *lauten, betreiben*
salary, wages *Gehalt, Lohn*
satisfactory *zufriedenstellend*
situation *Stellung*
sober *nüchtern*
thorough *gründlich*
training *Ausbildung*
unemployment insurance *Arbeitslosenunterstützung*
vacant *offen, frei*
vacancy, opening *freie Stelle*
various *verschiedenartig*

Maybe one day you will be out of work (unemployed) somewhere in Great Britain or U. S. A., perhaps because your boss closes or sells his place or wants to cut down his expenses by discharging part of the staff. As you certainly do not wish to live on the unemployment insurance (dole), you will have to look for a job. There are different ways of doing so:

You can go from hotel to hotel or from bar to bar, asking the managers whether there is any vacancy. But that will surely take more time than you have got, so you had better look up the advertisements (announcements) in the big daily newspapers. There you will find columns headlined: "Situations vacant", or "Help wanted, male (female)".
Here are some advertisements of the kind:

1. Waiters and barmaids wanted at the Snug Inn, Boston, Mass. Good salary and tips. See manager afternoon.
2. Bartender for Ist class cocktail lounge, exper., must be above average in appearance and personality. Opportunity for advancement. Phone Oliver Inn, Southend 4869.
3. Chef de cuisine wanted for a Ist class licensed hotel in the North of England. Restaurant seats 150 guests. Both à la carte and table d'hôte service. Applicants must have continental or 1st class London training. Salary £ 150 per week. Give full particulars of previous experience. Write SM 12141 Daily Telegraph.

If the ad asks for a visit (see Nr. 1), you will call on the boss or manager to have an interview with him. Do not forget to take your certificates with you. You may also ring (call) the manager up and agree on an appointment, but mostly the advertisement calls for a written application. So you will be obliged to write a letter which may run as follows:

Dear Sir,

Referring to the vacancy advertised in to-day's Daily Telegraph, I wish to offer you my services. I am 35 years old and got a thorough training as a cook in Munich, then worked in various places as per enclosed certificates.

I have been in my last place for 3 years as chef de cuisine where there was both à la carte and table d'hôte service. I am sure my present employer will give you satisfactory information as to my character and qualification.

Hoping to receive a favourable reply, I am, dear Sir,

Yours truly,

N. N.

Among the advertisements you will also find the addresses of employment (placement) agencies that can get you a job.

Last not least, there is a possibility of putting an advertisement in the newspaper yourself. It will appear in the column "Situations wanted". Here are some such ads:

1. Headwaiter desires job. Sober and honest. Ist class dining room exper. 5 years last place. Write P. M. 08105.
2. Chef de cuisine, 40, continental training, wants job in small seaside hotel. Free July Ist. Write S. P. 45372 Daily Mail.

Just fine

"I've come from the employment agency, sir", said the young man. " They told me you wanted a bartender."

"But I do all the work myself", answered the saloonkeeper.

"Then the place will suit me."

"Slang"

Die englische und die amerikanische Umgangssprache besitzen im „Slang" eine Art Zunftsprache (nicht Dialekt im Sinne von Mundart!), die besonders in Schüler-, Studenten-, Soldaten-, Halbwelts- und Unterweltskreisen gesprochen und durch immer neue Wortbildungen bereichert wird.

Wenn auch manche dieser Wörter in die allgemeine Umgangssprache übergegangen sind (z. *B.* boss, job), *so soll man doch, besonders als Ausländer, im Gebrauch von* Slang *sehr vorsichtig sein, wenn man nicht Empörung oder Lächerlichkeit hervorrufen will. Auch das im Amerikanischen allgemein verwendete* „okay" (O. K.) *soll man in England vermeiden und dafür* „all right" *verwenden. Wie reich und ausdrucksvoll der* Slang *sein kann, sollen einige mit „Geld" zusammenhängende Slangwörter anschaulich machen (vgl. deutsch „Moneten", „Zaster").*

brass *(eigentlich „Messing") für: Geld*
dough *(eigentlich „Teig")* *Geld*
rhino *Geld*
sugar *(eigentlich „Zucker")* *Geld*
bob *(engl.) Schilling*
fiver *Fünfpfundnote*
buck *(amer.) Dollar*
fivespot *5 Dollar*
G. (grand) *1000 Dollar*
gravy *(eigentlich „Bratensoße") für müheloses Einkommen*
to be broke
to be out of dough } „pleite" sein

Some more menus

Peter Evans'

1, KINGLY STREET, LONDON, W.1. 01 – 734 7460

We regret that cheques cannot be accepted without a Banker's Card

Starters

Grapefruit Cocktail	1.00	Avocado Pear Vinaigrette	1.50
Cockles and Mussels	1.50	Avocado Pear with Prawns	2.25
Corn on the Cob	1.25	Whitebait	1.75
Chilled Melon	1.50	Egg Mayonnaise with Caviar	2.25
Peter Evans Paté	1.75	Tuna Fish with Onions	2.25
Prawn Cocktail	2.00	Fried Scampi (½ portion)	3.00
Taramasalata	2.25	Potted Shrimps	2.50

Soups

Farm House	0.75	Oxtail	1.00
Clam Chowder	1.75	Clear Broth	1.00
Cold Cream Vichyssoise	1.00	Iced Boulion	1.00
Scotch Broth	0.75	Mushroom Soup	1.00
Turtle Soup with Sherry	2.25	Lobster Soup	2.25

Fish

Fried Fillet of Plaice with Tartare Sauce	3.25
Deep Fried Scampi with Tartare Sauce	5.50
River Trout Fried in Butter with Almonds	3.75
Grilled or Meuniere Whole Dover Sole	7.00

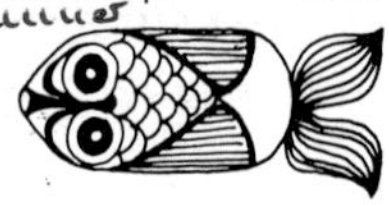

Egg Dishes

Omelette Arnold Bennett (Flat Omelette cocked with smoked Haddock and covered with Cream Sauce)	3.25
Mushroom and Tomato Omelette	2.75
Scrambled Eggs and Chicken Livers	2.75
Scrambled Eggs and Shrimps	3.25

Cold Buffet

Prawn Salad	4.00	Cheese and Peach Salad	3.25
York Ham Salad	3.75	Veal and Ham Pie Salad	3.25
Chicken Salad	3.25	Egg Mayonnaise Salad	3.00

*

Chef's Specials

Chicken Suprême Peter Evans Style (Breast of Chicken rolled with Garlic Butter and deep fried)	4.00
Grilled Breast of Chicken (served with bacon)	4.00
Half Baby Chicken (cooked with Fennel)	3.50
Queen Victoria Mixed Grill – specially recommended	4.50
Grandfather's Steak and Kidney Pie (served in individual pot)	3.50
Veal Cutlet (cooked with Rosemary in Butter)	4.75
Veal Escalope (cooked in Butter – with Fried Egg and Capers)	4.75
Sausages, Mash and Onions	3.25
Shepherd's Pie – House Speciality	3.50
Cumberland Pork Ribs (cooked sweetly in the English Manner)	4.25
English Pork Chop and Apple Fritters	3.25
Romney Lamb Cutlets	3.25

Steaks (PRIME CUT BEEF ONLY)

Sirloin	Minute Steak Delicious thin cut	3.50
(Juicy and tender)	Medium	4.75
	Porterhouse	6.50
Rump	Medium (Full flavour thick cut)	4.75
	Double	6.50
Fillet	Standard	5.25
(Tenderest of all)	Medium	6.50

Vegetables per portion

Choice of the Day	1.00
Potatoes	0.60

Salads

Green Salad	1.00
Mixed Salad	1.25
Tomato and Onion	1.25

Sweets

Treacle Tart	1.00
Apple Pie	1.00
Mint Chocolate Mousse	1.00
Lemon Meringue Pie	1.00
Choice of Ice Creams	0.75
Banana Split	1.25
Fresh Fruit Salad	1.00
Cream Caramel	1.00
Sherry Trifle	1.25
Peach Melba	1.25
Sorbets	1.00
Orange Oriental	1.50

Cheese

Special Stilton or Selection from the Board (served with Butter and Biscuits) 1.25

Cover Charge (To include bread and butter) 0,75

Coffee with Fresh Cream (as much as you like)	0.75
Irish Coffee	2.00

*

Specially Recommended

At an extra charge per disk to the meal of your choice

Smoked Salmon	£1.25

Fried Dover Sole *Whole sole on the bone, deep fried to a golden brown*	£1.00
Escalope of Veal Belle Napolitaine *Golden fried veal, served with spaghetti and a rich tomato sauce, topped with parmesan cheese*	75 p
Duckling à l'Orange *Served in an orange and grand marnier sauce garnished with cheries and orange zest*	£1.00
Fillet Steak Madeira *Prime fillet of beef, topped with a delicious maderia sauce*	£1.75
T-Bone Steak *The prime cut of beef for the hungry gourmet*	£3.25

Mela Stregata	50 p

Coffee	50 p
Irish Coffee	£1.50
Liqueur Coffee	£1.75

The Red Carpet

Two Courses. £6.50

Three Courses with coffee . . . £7.75

Hors d'Œuvre

Tomato Soup · *Onion Soup* · *Hors d'Œuvre* · *Prawn Cocktail*
Grapefruit Cocktail · *Chilled Melon* · *Chopped Liver* · *Pâté Maison*

****

Grills

Rump Steak

Sirloin Steak

Lamb Cutlets

Pork Chop

Fish

Fried Scampi

Entrées

Sauté of Chicken Bourguignonne

Lightly cooked chicken served with a red wine sauce, garnished with button onions and mushrooms

Entrecôte Chasseur

Tender, juicy sirloin steak served with a white wine sauce, garnished with mushroom, chopped shallots and tomato

Supreme of Chicken Baltimore

A lightly poached breast of chicken garnished with a cream sauce and sweet corn

Coq au Vin

Chicken, served in a brandy and red wine sauce, garnished with button onions, sliced mushrooms and diced bacon

Vegetables

French Fried Potatoes · *Croquette Potatoes* · *Boiled Potatoes*
Fried Onions · *Button Sprouts* · *Tomatoes*
Peas · *Braised Celery* · *Mushrooms*
Tossed Green Salad · *Mixed Salad* · *Tomato and Onion Salad*

****

Sweets

Meringue Fayre · *Fruit Salad and Cream* · *Trifle de Luxe*
Sweet Pancake · *Creme Caramel* · *Apple Pie & Cream* · *Mille Feuille*
Gâteau Petit Duc · *Orange Water Ice* · *Choc Menthe Ice Cream*
Cheeseboard

There is no Cover Charge or Service Charge
Gratuities are left to our Guests discretion

COCKTAILS *(spirit measure one sixth of a gill)*

SHORT & CHILLED

White Lady *Gin, Cointreau, Lemon Juice*	£1.35
Side Car *Brandy, Cointreau, Lemon Juice*	£1.50
Golden Gleam *Brandy, Grand Marnier, Lemon Juice, Orange Juice*	£1.50
Old Fashioned *Double Rye Whiskey, Sugar and Bitters*	£1.50
Screwdriver *Vodka, Orange Juice*	£1.10
Sweet Martini *Double, Gin, Italian Vermouth*	£1.50
Rob Roy *Whisky and Italian Vermouth*	£1.20
Gimlet *Vodka, Lemon Juice*	£1.20
Bronx *Gin, French and Italian Vermouth, Orange Juice*	£1.20
Daiquiri *White Rum, Lemon Juice*	£1.20
Dry Martini *Double Gin, French Vermouth*	£1.50

LONG & REFRESHING

Silver Fizz *Gin Lemon Juice, White of Egg, Soda Water*	£1.35
Orange Fizz *Gin, Orange Juice, Soda Water*	£1.30
John Collins *Whisky, Lemon, Soda Water, Angostura Bitters*	£1.40
Sours *(with Lemon Juice and Soda Water)*	
Gin	£1.45
Rum	£1.45
Brandy	£1.60
Pimm's No. 1	
Large	£2.50
Small	£1.60
Campari and Soda	£1.40

BEFORE the MEAL

SHERRY

	Glass	Schooner
Fino *Pale Dry*	85 p	£1.10
Amontillado *Medium*	85 p	£1.10
Double Cream *Sweet*	85 p	£1.10

APERITIFS

Gin and Dubonnet	£1.15
Gin and Italian or French Vermouth	£1.15
Gin and Orange, Lemon or Lime	£1.60
Dubonnet	35 p
Vermouth, sweet or dry	90 p

RED WINE

BORDEAUX

		bottle	½ bottle
120	Bordeaux Rouge, M. Schröder *Light and Fruity*	£6.00	£3.15
119	Saint Emilion *Clean and very delicate*	£6.50	£3.45
79	Ch. Jeandemain, Côtes de Fronsac, 1966 *Rich, a typical wine of Côtes de Fronsac*	£8.35	£4.35

BURGUNDY

201	Beaujolais Vieilles Vignes VSR *A fine full-bodied wine*	£6.30	£3.25
221	Fleurie de l'Année Duboeuf, 1981 *Light fruity and very refreshing*	£8.10	£4.20
240	Nuites Saint Georges, Laboure Roi, 1979 *A fine mature red Burgundy*	£9.90	£5.00

RHONE WINE

471	Chateaunef-du-Pape, Vieilles Vignes, 1980 *A full-bodied, heavy Red Wine from the South of France*	£7.45	£3.90

ITALIAN WINE

593	Chianti Ruffina *A medium weight, dry Red Wine in an extra large bottle. Excellent value*	£7.60	£3.90

AT ANY

WINES BY THE GLASS

	Large Glass	Glass
White, Rosé or Red	£1.05	80 p
Hock	£1.25	

SPIRITS *(measure one-sixth of a gill)*

Gin	£1.00
Whisky	£1.00
Rum	£1.10
Vodka	£1.00
Brandy, Cognac***	£1.10

MINERALS

Coca-Cola	60 p
Ginger Beer, Schweppes	50 p
Mineral Waters, Schweppes	35 & 40 p
Tomato Juice	50 p

WINE LIST

WHITE WINE

BORDEAUX

		bottle	½ bottle
129	Lion Blanc, M. Schröder *Medium dry and fruity*	£6.00	£3.15
132	Graves, M. Schröder *Dry*	£6.15	£3.25
130	Sauternes, M. Schröder *Rich and sweet*	£6.50	£3.40

BURGUNDY

164	Chablis, Laboure Roi *A light dry fresh wine*	£8.30	£4.30
187	Chablis Premier Cru, Cote de Lechet *A elegant wine of the region*	£9.90	£5.00

LOIRE

190	Muscadet, Vieilles Vignes *Dry, with a strong grape flavour*	£6.30	£3.35

RHINE

254	Liebfraumilch, Wasum, 1982 *Light elegant hock*	£7.65	£4.00
270	Hochheimer Riesling, Wasum, 1982 *Fairly full fruity wine medium dry*	£8.20	£4.25

MOSELLE

299	Bernkasteler Riesling, Wasum, 1982 *Clean, crisp and medium dry*	£7.65	£4.00

ROSÉ WINE

ANJOU

		bottle	½ bottle
191	Anjou Rosé, Château de la Roche *Medium sweet rose of great charm*	£6.30	£3.35

PORTUGUESE

501	Mateus Rosé *Slightly sparkling light pink wine*	£8.00	£4.20

SPARKLING WINE

645	Sparkling Red Burgundy Veuve Maniere *Medium sweet full-bodied red wine*	£10.10	—

CHAMPAGNE

349	Charles Heidsieck, Brut	£14.10	£7.55
425	Moët & Chandon, Dry Imperial, 1978	£17.90	£9.45

CARAFE WINE

	carafe	half carafe
Red	£4.50	£2.35
Rosé	£4.50	£2.35
White	£4.50	£2.35
Hock	£5.40	£2.75

TIME

	pint	½ pint
Ale, Bass 'Red Triangle'	£1.05	60 p
Carlsberg Pilsner Lager	£1.20	65 p
Shandy Gaff	*large* £1.00	*small* 55 p

BOTTLED BEER, CIDER

Bass, Worthington	75 p
Double Diamond	75 p
Lager, Carlsberg (Danish)	75 p
Guinness	75 p
Ind Coope, Light or Brown	65 p
Cider	65 p

Cigars and Cigarettes may be obtained by asking your waitress

AFTER the MEAL

PORT

665 Old Councillor Tawny	£1.00

LIQUEURS

Cherry Heering	£1.10
Crême de Menthe	£1.10
Tia Maria	£1.10
Bénédictine	£1.10
Cointreau	£1.10
Grand Marnier	£1.10
Drambuie	£1.10

BRANDY

Rémy Martin V.S.O.P.	£1.30

An American Table d'hôte Menu

RED ROOSTER DINNERS

Newark, N. J. Oct. 30, 1985

Blue Point Oyster Cocktail Minted Fresh Fruit Cup

☆

Fresh Vegetable Soup Consomme Madrilene

"Red Rooster" Style Onion Soup

☆

Hot Mushroom Canapé Celery and Olives

Home Made Hot Breads

☆

(Entrée Price Includes Entire Dinner)

ROAST STUFFED GOOSE, Prune and Apple Dressing
Yankee Pot Roast, Potato Pancake
Breast of Guinea Hen on Toast
Broiled Halibut Steak, Shrimp Butter
Individual Chicken Pie, Danbury Style

☆

(Choice of Two)

Vegetables of the Day Fried Sweet Potatoes

☆

Head Lettuce Potato Salad
Salad Bowl Cole Slaw

☆

MOCHA CREAM PIE Cabinet Pudding
Devil's Food Layer Cake Raisin Rice Pudding
Smyrna Figs Baked Apple

Chocolate, Coffee, Vanilla or Melba Ice Cream

Raspberry Sherbet Biscuit Tortoni

Camembert Cheese and Toasted Crackers

☆

Coffee, Tea, or Milk

rooster *Haushahn*
style *Stil, Art*
en**tire** *ganz*
bowl *Schüssel, Schale*
devil *Teufel*
deviled *stark gewürzt*
layer *Schicht*
sherbet *Sorbet*

Wörterverzeichnis

Bei mehrsilbig gesprochenen Wörtern ist die betonte Silbe durch Fettdruck ihres Selbstlautes gekennzeichnet. Eckige Klammern enthalten die Aussprachebezeichnung schwieriger Wörter. Dabei bedeuten: ö *den kurzen (nicht gerundeten) Murmellaut in unbetonten Silben,* th *das scharfe* „th", dh *das weiche* „th"; *ein Doppelpunkt zeigt die Dehnung des Selbstlautes an.*

1. Englisch — Deutsch

A

a [ö] *ein(e, n), vor Selbstlaut und stummen h:* an [ön]
ab**ou**t [öbaut] *ungefähr; bei, umher, über*
ab**o**ve [öbav] *oberhalb, über, obige*
absolutely *absolut, unbedingt*
to acc**e**pt [äksept] *annehmen*
accident [äksident] *Unfall*
accommod**a**tion *Unterbringung, Unterkunft*
to acc**o**mmodate *unterbringen*
to acc**o**mpany *begleiten*
acc**u**stomed [ökastömd] *gewöhnt an*
acqu**ai**ntance [ökwejntns] *Bekannter, Bekanntschaft*
acr**o**ss *(quer) über, durch*
to add *hinzufügen*
add**i**tion *Hinzufügung, Zugabe*
addr**e**ss *Adresse*
to addr**e**ss *adressieren*
to **a**dvertise *inserieren*
adv**e**rtisement *(abg. „ad"), Annonce, Inserat*
aerodrome *Flugplatz*
afr**ai**d *bange;* I am afraid *ich bedaure, leider; ich befürchte*
after *nach, hinter*
afternoon *Nachmittag*
afternoon tea *(5 o'clock tea) Nachmittagstee*
afterwards *nachher*
ag**ai**n *wieder, zurück*
age [ejdsch] *Alter*

ago *(stets hinter dem Zeitbegriff) vor (in die Vergangenheit zurückweisend)*
to agree with *einverstanden sein, vereinbaren; vertragen*
agreeable *angenehm*
airfield, airport *Flugplatz*
airmail *Flugpost*
airplane, plane *Flugzeug*
à la carte *nach der Karte*
ale [ejl] *helles Bier*
all *all(e, s), ganz, gänzlich*
all kinds (sorts) of ... *alle möglichen ...*
to allow [ölau] *erlauben, zulassen;* to be allowed *dürfen*
all right *in Ordnung, ganz recht*
almond [a:mönd] *Mandel*
almost *beinahe, fast*
along *entlang, längs*
already *bereits, schon*
also *auch*
alternately *abwechslungsweise*
altogether *im ganzen, zusammen*
always *immer*
a. m. [ejem] *vormittags (bei Zeitangabe)*
America *Amerika*
American *Amerikaner(in), amerikanisch*
among [ömang] *unter, zwischen*
to amount to *sich belaufen auf*
amphie *zweiter Rang (Theater)*
amusing *unterhaltend*
anchovy *Sardelle, Anchovis*
anchovy butter *Sardellenbutter*
anchovy butter sauce *Sardellenbuttersoße*
and *und*
angry *böse*
announcement *Ankündigung, Inserat*
another [önadhö] *ein(e) ander(er, e), ein anderes*
to answer [a:nsö] *antworten*
anxious [änkschös] *besorgt, bemüht*
any *irgendein, irgendwelche, etwas, jede(r) beliebige*
anybody, any one *(irgend) jemand*
anyhow *irgendwie*
anything *irgend (etwas)*
any way *irgendwie, jedenfalls*
anywhere *irgendwo*
apartment *Wohnung*
to appear *erscheinen*
appetite [apetait] *Appetit*
appetizer (course) *Appetitbissen, Vorspeise*
apple *Apfel*
apple fritter *Apfelküchlein*
apple pie *Apfelkuchen*
apple sauce *Apfelmus (besonders zum Schweinebraten)*
applicant *Bewerber*
application *Bewerbung;* on application *auf Verlangen*
appointment *Verabredung*
apricot *Aprikose*

apricot soufflé *Aprikosenauflauf*
arm *Arm*
arm-chair *Lehnstuhl, Sessel*
ar**ou**nd *um ... herum*
to arr**a**nge [örejndsch] *anordnen*
arr**i**val [öraivl] *Ankunft*
to arrive [öraiv] *ankommen*
artichoke *Artischocke*
artist *Künstler*
as [äs] *als, wie;* as ... as *so ... wie*
ash-tray *Aschenbecher*
as**i**de *beiseite*
to ask for *fragen, verlangen nach, bitten um*
asp**a**ragus *Spargel*
ass**i**stant cook *Hilfskoch, Jungkoch*
ast**o**nished [ästonischt] *erstaunt*
ast**ou**nding *verblüffend*
at *an, auf, bei, in, zu; um (bei Zeitangabe)*
at all *überhaupt*
to att**e**nd *bedienen*
att**e**ndance *Bedienung*
att**e**ntion *Aufmerksamkeit, Achtung*
au gratin *mit Kruste gebacken*
August *August (Monat)*
aunt [a:nt] *Tante*
Austria *Österreich*
Austrian *Österreicher(in), österreichisch*
Austr**a**lia *Australien*
autumn [o:töm] *Herbst*
avenue [äwenju:] *breite (bepflanzte) Straße*
avoc**a**do (pear) *Avocato*
to av**oi**d *vermeiden*
awful(ly) [o:ful(li)] *schrecklich, sehr*

B

b**a**ck *zurück, rückwärtig; Rücken*
back room *rückwärtiges Zimmer*
b**a**con [bejkn] *Speck*
bad *schlecht, schlimm*
b**a**dly *schlimm*
b**a**ggage [bägidsch] *Gepäck (nur amerikanisch)*
baggage car *(am.) Gepäckwagen*
to bake *backen*
b**a**ker *Bäcker*
b**a**king p**o**wder *Backpulver*
ban**a**na *Banane*
band *Kapelle (kleines Orchester)*
b**a**ndleader *Kapellmeister*
bank *Bank (Geld)*
banker's card *Scheckkarte*
bank h**o**liday *gesetzlicher Feiertag in England*
b**a**nknote *Banknote*
b**a**nquet *Bankett*
bap *(schott.) Brötchen*
bar *Schenke, Theke*
b**a**rber *Herrenfriseur*
b**a**rkeeper, b**a**rtender *Wirt*
b**a**rmaid *Büfettmädchen, Kellnerin*

barman *Barmann*
barrel *Faß*
to baste *begießen (mit Fett)*
bath *Bad*
bathroom *Badezimmer*
batter *Schlagteig*
Bavaria *Bayern*
Bavarian *Bayer(in), bayrisch*
bay *Lorbeer*
bean [bi:n] *Bohne*
béarnaise sauce *Soße mit Butter, Eigelb und Zitrone*
to beat, beat, beaten [i:] *schlagen*
beautiful [bju:tifl] *schön*
because [biko:s] *weil*
béchamel sauce *weiße Rahmsoße*
to become [bikam], became [bikejm], become *werden (Beruf)*
bed *Bett*
bedroom *Schlafzimmer*
bedspread *Bettüberzug*
beef *Ochsenfleisch*
beeftea *Fleischbrühe*
beer *Bier*
beetroot *rote Rübe (Beete)*
before [bifor] *vor, bevor, vorher*
to beg *bitten, betteln;* I beg your pardon *ich bitte um Verzeihung; wie bitte?*
to begin [bigin], began [bigän], begun [bigan] *anfangen, beginnen*
behind [bihaind] *hinter*
behindhand *im Rückstand*
to believe *glauben*
bell *Glocke*
bellboy, bellhop *Hotelpage*
to belong to *gehören*
below *unter, unterhalb*
berry *Beere*
berth *Bett im Schlafwagen*
besides [bisaids] *außerdem, außer*
better *besser;* all the better, so much the better *um so besser*
between *zwischen*
beverage [beweridsch] *Getränk*
bicarbonate (of soda) *Natron*
bicycle [baisikl] *Fahrrad (familiär:* bike [baik])
big *groß, dick, umfangreich*
bilberry *Heidelbeere*
bill *Rechnung, Zettel*
bill of fare *Speisekarte*
birthday *Geburtstag*
biscuit [biskit] *Keks, Zwieback*
bisque *dicke Suppe, meist von Fisch*
bitter *bitter*
black *schwarz*
blackberry *Brombeere*
blanket *Bettdecke*
blanquette de veau *eingemachtes Kalbfleisch*
bloater *Bückling*
to blow [blou], blew [blu:], blown *blasen*
blue *blau*
blunt [blant] *stumpf*
board *Verpflegung; Brett*
board and residence *volle Pension*
boarder *Pensionsgast*
boarding-house *(Familien-) Pension*
bœuf en daube *Schmorbraten*

to boil *sieden, kochen*
bone *Knochen*
book [buk] *Buch*
to book *notieren (Bestellung); lösen (Billett)*
b**oo**king-**o**ffice *Schalter, Theaterkasse*
b**oo**kseller *Buchhändler*
boot [bu:t] *Stiefel*
boots *Stiefelputzer (Hotel)*
born *geboren*
boss *Arbeitgeber, Chef, Besitzer*
both *beide(s);* both ... and *sowohl ... als auch*
bottle *Flasche*
to bottle *in Flaschen abfüllen*
bowl [baul] *Schale, Schüssel*
box *Schachtel, Kiste*
box **o**ffice *(am.) Theaterkasse*
boy *Junge, Hotelpage*
brains *Gehirn, Hirn*
to braise *schmoren*
br**a**ndy *Branntwein, Kognak*
Brazil nut [brejsil] nat *Paranuß*
bread [bred] *Brot*
bread and butter *Butterbrot*
bread-b**a**sket *Brotkorb*
to break [brejk], broke [brouk], br**o**ken *brechen*
br**ea**kfast [brekfest] *Frühstück*
breast [brest] *Brust(fleisch)*
to bring, brought [bro:t], brought *bringen*
Br**i**tish *britisch*
br**o**ccoli *Spargelkohl*
broch**e**tte *Spießchen*
to broil *auf dem Rost braten*
br**oi**ler *(am.) junges Huhn*
broth *(Fleisch-)Brühe*
br**o**ther [bradhö] *Bruder*
br**o**ther-in-law *Schwager*
brown *braun*
to brown *bräunen*
brush [brasch] *Bürste*
to brush *bürsten*
Br**u**ssels sprouts [brassels sprauts] *Rosenkohl*
bun [ban] *Art Semmel mit Korinthen*
bunch [bantsch] *Bündel, Strauß*
b**u**rgundy *Burgunder*
to burn [bö:n] *brennen, anbrennen*
bus [bas] *Omnibus*
b**u**siness [bisnes] *Geschäft*
b**u**sy [bisi] *beschäftigt, geschäftig; besetzt (Telefon)*
but [bat] *aber, sondern*
b**u**tcher [butscher] *Metzger*
b**u**tter [batö] *Butter*
b**u**tton [battn] *Knopf (Klingel)*
to buy [bai], bought [bo:t], bought *kaufen*
by [bai] *durch, mit, von, neben*
by the by / by the way } *übrigens, nebenbei bemerkt*

C

c**a**bbage [käbidsch] *Kohl*
cable [kejbl] *Kabeltelegramm*
café *Kaffeehaus*
cafet**e**ria *Restaurant mit Selbstbedienung*

cake [kejk] *Kuchen*

cake tin / cake mould *Kuchenform*

call *Besuch; Anruf (Telefon)*

to call *rufen, wecken*

call-box *Telefonzelle*

to call on *besuchen, vorsprechen*

to call up *anrufen*

can *kann, kannst, können, könnt*

can *Büchse, Kanister*

C**a**nada *Kanada*

canap**é** *geröstete Brotschnitte garniert*

c**a**ndied **o**range (l**e**mon) peel *Orangeat (Zitronat)*

c**a**ndy *Süßigkeiten*

c**a**nned (meat, food) *in Konservenbüchse*

cap**a**city *Fassungsvermögen*

c**a**per *Kaper*

caper sauce *Kapernsoße*

c**a**pital *Hauptstadt*

c**a**pon *Kapaun*

car [ka:] *Auto, Wagen*

car**a**fe *Karaffe*

care [käö] *Sorge, Sorgfalt*

to care for *sorgen für, sich kümmern um*

c**a**reful *vorsichtig, sorgfältig*

carp *Karpfen*

c**a**rpet [ka:pit] *Teppich*

c**a**rriage [käridsch] *(Eisenbahn-)Wagen*

c**a**rrot *gelbe Rübe, Karotte*

to c**a**rry *tragen (Lasten)*

to carve [ka:v] *zerschneiden*

c**a**sserole *Tiegel*

cat *Katze*

to catch [kätsch], caught [ko:t], caught *fangen, erreichen (Zug)*; to catch cold *sich erkälten*

c**a**tchup [kätschöp] *Tomatensoße*

to c**a**ter for *versorgen, bewirten*

c**a**tering *Verpflegung, Hotelwesen*

cath**e**dral *Dom, Kathedrale*

c**au**liflower [ko:liflaur] *Blumenkohl*

c**au**tion [ko:schn] *Vorsicht*

c**a**viar *Kaviar*

cay**e**nne *Cayennepfeffer*

c**ei**ling [si:ling] *Zimmerdecke*

to c**e**lebrate *feiern*

c**e**lery *Sellerie*

c**e**llar [selö] *Keller*

cent [sent] *Cent (100 cents = 1 $)*

c**e**real *Getreide(flocken)*

c**e**rtain(ly) [sö:tn(li)] *gewiß, sicher, bestimmt*

cert**i**ficate [sö:tifikit] *Zeugnis*

chair [tschär] *Stuhl*

chamberm**ai**d [tschejmbömejd] *Zimmermädchen*

champ**a**gne [schämpejn] *Sekt*

chance [tscha:ns] *Zufall, Gelegenheit, Glück*

change [tschejndsch] *Änderung, Wechsel, Geldwechsel, Kleingeld*

to change *sich ändern, wechseln, sich umziehen*; to change trains *umsteigen*

charcoal *Holzkohle*

charge *Gebühr, Kosten*

to charge [tscha:dsch] *berechnen, in Rechnung stellen*
cheap [tschi:p] *billig*
cheque *Scheck*
cheese [tschi:s] *Käse*
cheese spread *Streichkäse*
chef [schef] *Küchenchef*
chemist [kemist] *Apotheker*
cherry [tscherri] *Kirsche*
cherry brandy *Kirschlikör*
cherry-pie *Kirschkuchen*
Cheshire, Chester, Cheddar *englische Käsesorten*
chest *Kasten, Brust*
chestnut *Kastanie*
chest of drawers *Kommode*
chicken *Huhn*
chicken-broth *Hühnerbrühe*
chief [tschief] *hauptsächliche*
child [tschaild] *Kind, Mehrzahl* children [tschildrn]
to chill *(ab)kühlen*
china [tschainö] *Porzellan*
chive [tschaiv] *Schnittlauch*
chocolate [tschokolit] *Schokolade*
choice [tschois] *Wahl*
choicest *erlesenst*
to choose [tschu:s], chose [tschous], chosen *auswählen*
chop *Kotelett, Rippchen*
to chop *hacken*
chopper, chopping knife *Hackmesser*
chopping board *Hackbrett*
chowder *dicke Suppe von Fisch oder Schalentieren, meist mit Milch*
Christmas *Weihnachten*
church [tschö:tsch] *Kirche*
cider [saidö] *Apfelwein*
cigar [siga:] *Zigarre*
cigarette *Zigarette*
cinema [sinemö] *(brit.) Kino*
cinnamon *Zimt*
circle [sörkl] *Rang (Theater)*
circumstances [sö:kömstänsis] *Umstände*
city *Innenstadt, größere Stadt*
clam *Muschel, Venusmuschel*
clam broth *Muschelsuppe*
claret *Rotwein*
class *Klasse*
clean *rein, sauber*
to clean [klien] *säubern*
to cleanse [klens] *reinigen*
clear [kliö] *klar*
to clear away *ab-, wegräumen*
clear soup *klare Suppe*
to clear up *sich aufklären (Wetter)*
clever *gescheit, klug*
climate [klaimöt] *Klima*
clipper *Atlantikflugboot*
cloak-room *Garderoberaum, Gepäckaufbewahrung*
clock *Zimmer-, Turmuhr;* o'clock *Uhr (bei Zeitangaben)*
to close *schließen*
cloth *Tuch*
clothes *Kleider*
clover *Gewürznelke*
to coat *überziehen*
cobbler *eisgekühltes Getränk*
cock *Hahn*
cockle *Herzmuschel*

cocktail *alkoholisches Mischgetränk*
cocktail savory *(am.) Art Vorspeise*
cocoa [koukou] *Kakao*
coconut *Kokosnuß*
cod, codfish *Kabeljau*
coffee *Kaffee*
coffee-house *Kaffeehaus*
coffee-mill *Kaffeemühle*
coffee-pot *Kaffeekanne*
coin *Münze*
cold *kalt; Erkältung;* cold in the head *Schnupfen*
cold meat *Aufschnitt*
cole slaw *(am.) Art Krautsalat*
to collect *sammeln; leeren (Briefkasten)*
colony *Kolonie*
colour [kalö] *(am.* color*) Farbe*
column [kolöm] *Spalte (Zeitung)*
to come [kam], came [kejm], come *kommen*
comfort *Bequemlichkeit, Komfort*
comfortable *bequem, behaglich*
to command *befehlen, (veran)lassen*
common(ly) *allgemein, gewöhnlich, geläufig*
compartment *Abteil*
to complain *sich beklagen*
complete(ly) *vollständig, ganz*
to comply with [kömplai] *sich fügen*
concert-hall *Konzertsaal*
confectioner *Konditor*
confections *Konfekt*
to connect *verbinden (Telefon)*
connection *Verbindung (Telefon), Anschluß*
to consist of *bestehen aus*
consommé *Kraftbrühe*
constant(ly) *ständig*
to consult *konsultieren*
to contain *enthalten*
contents *Inhalt*
continental *kontinental*
to continue *weiterfahren*
to control *kontrollieren*
contrary *Gegenteil*
convenient *passend, entsprechend*
cook *Koch, Köchin*
cooky, cookie *kleines Gebäck*
cookie sheet *Backblech*
cooking *das Kochen, Küchenarbeit*
cook's assistant *Küchengehilfe*
cool *kühl*
copper *Kupfer;* coppers *Kleingeld*
cork *Korken*
corkscrew [ko:kskru:] *Korkzieher*
corn cob *Maiskolben*
corned beef *Büchsen-, Pökelfleisch*
corner *Ecke, Straßenecke*
correct *richtig, fehlerfrei*
correspondence *Briefwechsel*
corresponding *entsprechend*

corridor *Gang*
to cost, cost, cost *kosten*
costly *kostspielig*
to count [kaunt] *zählen*
counter *Ladentisch, Schalter*
country [kantri] *Land*
to cough [ko:f] *husten*
course [ko:s] *Lauf, Gang (Speisen)*; of course *natürlich, selbstverständlich*
courtesy [kö:tisi] *Gefälligkeit*
cover [kavö] *Gedeck*
to cover *bedecken*
crab *Krabbe, Taschenkrebs*
crabmeat *Krabbenfleisch*
cracker *dünner Keks*
cranberry *Preiselbeere*
crawfish, crayfish *Krebs*
cream [kri:m] *Rahm, Sahne*
cream of green pea soup *grüne Erbsensuppe*
cream sauce *Rahmsoße*
creole sauce *scharfe spanische Soße (Tomatensoße)*
crisp *knusprig, frisch*
cross *böse*
crossing *Kreuzung*
cross-roads *Straßenkreuzung*
cruet-stand *Essig- und Ölständer*
cucumber [kju:kömbö] *Gurke*
cup [kap] *Tasse*
cupro-nickel *Kupfer-Nickel-Legierung*
to curdle [kö:dl] *gerinnen*
currant [karrent] *Johannisbeere*
currant [karrent] *Korinthe*
currency *Währung*
curry [kari] *scharfes indisches Gewürz*
curtain [kö:tin] *Vorhang*
custard [kastöd] *Eierrahm*
customer [kastömö] *Kunde, Kundin, Gast, Stammgast*
custom house *Zollamt*
custom house officer *Zollbeamter*
to cut, cut, cut [kat] *schneiden*
cutlet [katlit] *Kotelett*

D

daily *täglich*
dairy *Molkerei*
dark *dunkel*
darling *Liebling*
dash *Prise, kleine Menge*
date [dejt] *Datum; Verabredung*
date [dejt] *Dattel*
daughter [do:tö] *Tochter*
day *Tag*; the day before yesterday *vorgestern*; the day after tomorrow *übermorgen*; the other day *neulich*
deal [di:l] *Menge; Teil*; a good deal of *sehr viel(e)*
dear [diö] *teuer, lieb*
debt [det] *Schuld (Geld)*
December *Dezember*
to decorate *verzieren*
to decrease *abnehmen, vermindern*
deer *Hirsch*
degree *Grad*
delay *Verspätung*
delicatessen *(am.) Feinkost, Feinkostgeschäft*
delicious [delischös] *köstlich*

de luxe *Luxus-*
dentist *Zahnarzt*
department store *Kaufhaus*
departure [dipa:tschö] *Abreise, Abfahrt*
to depend on *abhängen, sich verlassen auf*
to desire *wünschen*
to despatch *absenden*
dessert *Nachspeise*
devil *Teufel*
deviled *scharf gewürzt*
to dial [daiöl] *wählen (Telefon)*
to dictate *diktieren*
difference *Unterschied*
different *verschieden*
difficult [diffiklt] *schwierig*
difficulty *Schwierigkeit*
dime [daim] *(am.) 10-Cent-Stück*
to dine [dain] *speisen*
dining-car *(am.* diner*) Speisewagen*
dining-room *Speisezimmer*
dinner [dinö] *Hauptmahlzeit, Abendessen*
to dip *eintauchen*
direct *direkt*
to direct *den Weg weisen*
directly *gleich, sofort, unmittelbar*
directory *Adreßbuch, Telefonbuch*
dirty [dö:ti] *schmutzig*
disagreeable [disägri:öbl] *unangenehm*
to discharge [distscha:dsch] *entlassen*
disengaged [disingejdschd] *frei*
to disconnect *trennen (Telefon)*
discretion *Ermessen*
dish *Gericht, Schüssel*
dishwasher *Geschirrspüler(in)*
to dislike [dislaik] *nicht mögen*
to dispose of *verfügen über*
disposal *Verfügung*
to distil *destillieren*
distinctly *deutlich*
to disturb [distö:b] *stören*
to divide [diwaid] *teilen*
to do [du:], did, done [dan] *tun, machen, erledigen, treiben*
doctor *Arzt*
dog *Hund*
dominion *Kolonie mit Selbstverwaltung*
door [do:] *Türe*
double [dabl] *doppelt*
to double *sich verdoppeln*
double(-bedded) room *Doppelbettzimmer*
dough [dou] *Teig*
down [daun] *nieder, unten; hinunter, herunter*
downstairs *treppab*
downtown *in die Stadt*
to drain *trocknen*
to draw [dro:], drew [dru:], drawn *ziehen, zeichnen*
draught beer *Bier vom Faß*
dress *Kleid*
to dress *(sich) ankleiden*
dress-circle *1. Rang (Theater)*
dressing *Salattunke*
dressing-table *Toilettentisch, Frisiertisch*

dressmaker *Schneiderin*
drink *Getränk*
to drink, drank [dränk], drunk [drank] *trinken*
dripping *Schmalz*
drive [draiv] *Fahrt*
to drive [draiv], drove [drouv], driven [drivn] *fahren*
driver [draivö] *Chauffeur, Fahrer*
driveway *Autostraße; Einfahrt*
drop *Tropfen*
to drop *fallen lassen, hinunterwerfen*
druggist [dragist] *Drogist*
dry [drai] *herb; trocken*
to dry *trocknen*
duck [dack] *Ente*
duckling *junge Ente*
due [dju:] *fällig*
dumpling [dampling] *Klößchen*
during [djuring] *während (mit Hauptwort)*
Dutch cheese [datsch] *Edamer Käse*

E

each [i:tsch] *jeder (von einer Anzahl)*
each other [adhö] *einander*
early [ö:li] *frühzeitig*
easy [i:si] *leicht (zu tun)*
easy-chair *Sessel*
Easter [i:stö] *Ostern*
eel [i:l] *Aal*
e.g. [i:dschi:] *zum Beispiel*
egg *Ei*
eggbeater *Schneebesen*
eggplant *Eierpflanze*
eight [ejt] *acht*
eighteen [ejti:n] *achtzehn*
eighth *achte, Achtel*
eighty [ejti] *achtzig*
either ... or [aidher] *entweder ... oder*
either *jede(r) von beiden*
electric *elektrisch*
electrician *Elektriker*
electric range [rejndsch] *elektrischer Herd*
electric storm *Gewitter*
elevator *Fahrstuhl*
elevator operator, e. man *Fahrstuhlführer*
eleven [ilewn] *elf*
eleventh *elfte*
else *sonst noch*
employee *Angestellte(r)*
employer *Arbeitgeber*
employment agency [ejdschensi] *Stellenvermittlungsbüro*
empty *leer*
end *Ende*
endive *Endivie*
to engage [ingejdsch] *besetzen, belegen; einstellen*
engine [endschin] *Lokomotive*
England [inglnd] *England*
English [inglisch] *englisch*
Englishman *Engländer*

to enjoy [indschoi] *genießen, schmecken;* to enjoy oneself *sich unterhalten, amüsieren*

enough [inaf] *genug*

to enter *betreten, eintreten; eintragen*

to entertain *beherbergen, bewirten, unterhalten*

entertainment *Unterhaltung, Bewirtung*

entire [entaiö] *ganz, vollständig*

entree *Zwischengericht*

entrance *Eingang*

to enumerate *aufzählen*

envelope [enviloup] *Briefumschlag*

errand *Botengang*

escalope *(Kalbs-)Schnitzel*

escarole *Winterendivie*

especially [ispeschli] *besonders*

to esteem *schätzen*

even [i:vn] *sogar, noch, glatt;* not even *nicht einmal*

evening [i:vning] *Abend*

ever [ewer] *jemals*

every [ewri] *jeder, jede(s) (mit Hauptwort)*

everybody, every one *jeder, jedermann*

everything *alles*

everywhere *überall*

exactly *genau*

to exaggerate [igsädscherejt] *übertreiben*

to examine [igsämin] *prüfen, untersuchen*

excellent *ausgezeichnet*

except *außer, ausgenommen*

exchange [iksdschejndsch] *Telefonamt*

to excuse [ikskju:s] *entschuldigen*

excursion [ikskö:schn] *Ausflug*

exhibition *Ausstellung*

exit *Ausgang*

to expect *erwarten*

expensive *kostspielig*

to explain *erklären*

experience [ikspi:riens] *Erfahrung*

experienced *erfahren*

express *Schnellzug, D-Zug*

exquisite *auserlesen*

extra *Zuschlag*

F

facing [fejsing] *gegenüber*

fact *Tatsache;* in fact *tatsächlich*

fair *hübsch, gerecht*

fairly *ziemlich*

fall *(am.) Herbst*

to fall [fo:l], fell, fallen *fallen*

to fall ill *krank werden*

family [fämili] *Familie*

to fancy [fänsi] *sich vorstellen*

fancy cake *Torte*

far [fa:] *weit;* far from *weit entfernt davon*

fare [fäö] *Fahrgeld*

fashionable [fäschnibl] *modern, modisch, elegant*

fast *schnell*

fat *fett; Fett*
f**a**ther [fa:dhö] *Vater*
father-in-law *Schwiegervater*
f**a**vourable [fejweröbl] *günstig*
f**a**vour *(am.* favor*)* [fejwer] *Gunst, Gefallen*
f**a**vourite *Lieblings-*
fear *Furcht*
F**e**bruary [febröri] *Februar*
to feed, fed, fed *ernähren speisen*
to feel, felt, felt *(sich) fühlen*
f**e**llow-p**a**ssenger [päsindschö] *Mitreisender*
f**e**nnel *Fenchel*
to ferm**e**nt *gären (lassen)*
to fetch *holen*
f**e**ver [fi:wö] *Fieber*
few [fju:] *wenige;* a few *einige*
fift**ee**n [fifti:n] *fünfzehn*
fifth *fünfte*
fifty *fünfzig*
fig *Feige*
to f**i**gure [figö] *sich vorstellen*
to fill up *(voll) füllen*
f**i**llet *Filet, Lendenstück; entgrätete Fischschnitte*
to find [faind], found [faund], found *finden*
filling-st**a**tion *Tankstelle*
fine [fain] *schön, fein, gut*
fines herbes *feingehackte Kräuter*
f**i**nger *Finger*
to f**i**nish *beenden*
fire [faiö] *Feuer*
to fire *(familiär) entlassen*
fire-al**a**rm *Feuermelder*
first [fö:st] *erste;* at first *zuerst*
fish *Fisch*
f**i**shmonger *Fischhändler*
five [faiv] *fünf*
flat *flach, fad, schal*
fl**a**vour *(am.* flavor*)*, fl**a**vouring *Aroma, Geschmack*
floor [flo:] *Fußboden, Stockwerk*
fl**o**rin *2-Schilling-Stück*
fl**ou**nder *Flunder*
flour [flauö] *Mehl*
fl**u**ffy [flafi] *flaumig, locker*
fog *(dichter) Nebel*
f**o**ggy *nebelig*
to fold *falten*
to f**o**llow *folgen*
fond *vernarrt;* to be fond of *etwas sehr gern haben*
foot *Fuß (engl. Maß, ca. 30 cm); Mehrzahl* feet
for *für, auf, lang, nach, wegen; denn*
f**o**reign [forin] *ausländisch, fremd*
f**o**reigner *Fremder, Ausländer*
f**o**renoon *Vormittag*
to forg**e**t, forg**o**t, forg**o**tten *vergessen*
fork *Gabel*
form *Formular*
f**o**rtnight [fo:tnait] *14 Tage*
f**o**rty *vierzig*
f**o**rtunately *glücklicherweise*
f**ou**ntain-pen *Füllfederhalter*
four [fo:ö] *vier*
f**ou**rt**ee**n *vierzehn*
fourth *vierte, Viertel*

fowl [faul] *Geflügel*
foyer *(Hotel-)Halle*
France *Frankreich*
free [fri:] *frei*
French [frentsch] *französisch*
French dressing *französische Salattunke*
French fried potatoes *Bratkartoffeln* („pommes frites")
Frenchman *Franzose*
fresh *frisch*
fresh water fish *Süßwasserfisch*
fricassee *Ragout (Kalb, Geflügel), Frikassee*
Friday [fraidi] *Freitag*
fried [fraid] *gebraten*
friend [frend] *Freund, Freundin*
frog's leg *Froschschenkel*
from *von (her), aus;* from ... to *von ... bis*
front-room *Vorderzimmer*
frost *Frost*
fruit [fru:t] *Frucht, Obst*
fruity *fruchtig*
fruiterer *Obsthändler*
to fry [frai] *braten*
frying-pan *Bratpfanne*
full [ful] *voll*
full-bodied *schwer (Wein)*
fun [fan] *Spaß*
funnel [fanl] *Trichter*
furniture [fö:nitschö] *Einrichtung, Mobiliar*

G

gallery *Galerie*
gallon *(abg.* gal*) Gallone (ca. 4½ Liter)*
game [gejm] *Wildbret*
gammon *geräucherter Schinken*
garage [gära:sch] *Garage*
garden *Garten*
garlic *Knoblauch*
to garnish *garnieren*
gas *Gas*
gas cooker *Gasherd*
gasoline [gäslin] *(am.) Benzin (abg.* gas*)*
gas tap *Gashahn*
generally [dschenröli] *gewöhnlich, im allgemeinen*
gentleman [dschentlmön] *(feiner) Herr; Mehrzahl* gentlemen
German [dschö:mön] *deutsch; Deutsche(r)*
Germany *Deutschland*
to get, got, got *bekommen, verschaffen, gelangen; werden*
to get rid of *los werden*
to get up *aufstehen*
gherkin *Essiggurke*
giblets [dschiblits] *Gänseklein*
gill [dschill] *ca. 14 Zentiliter*
gin [dschin] *Wacholderbranntwein*
ginger [dschindschö] *Ingwer*
ginger-beer *Ingwerlimonade*
girl [gö:l] *Mädchen*
to give [giv], gave [geiv], given [givn] *geben*
glad *froh;* I am glad *es freut mich, ich freue mich*

glass *Glas*
to go, went, gone *gehen*
to go on *weiterfahren*
good [gud] *gut*
good-by(e) [gudbai] *auf Wiedersehen, lebe wohl!*
good gr**a**cious [grejschös] *du lieber Gott!*
goose [gu:s] *Gans; Mehrzahl* geese
g**oo**seberry *Stachelbeere*
goose l**i**ver pie *Gänseleberpastete*
Gorgonz**o**la *italienischer Kräuterkäse*
gr**a**ndfather *Großvater*
gr**a**pefruit *Grapefruit, Pampelmuse*
grapes *Trauben*
to grate *reiben*
gr**a**ter *Reibeisen*
grat**ui**ty *Trinkgeld*
gr**a**vy *Bratensoße*
gray, grey *grau*
to grease [gri:s] *einfetten*
great [grejt] *groß, bedeutend*
Great Br**i**tain *Großbritannien*
green *grün*
gr**ee**ngage [gri:ngejdsch] *Reineclaude*
gr**ee**ngrocer *Obst- und Gemüsehändler*
to greet *grüßen*
grill *Rost, Grillgericht*
to grill *auf dem Rost braten*
to grind [graind], ground [graund], ground *mahlen, schleifen*
gr**o**cer [grousö] *Kolonialwarenhändler*
gr**o**cery (store) *Kolonialwarengeschäft, Lebensmittelgeschäft*
grog *Grog*
ground-floor *Erdgeschoß*
grouse *Haselhuhn*
to grow [grou], grew [gru:] grown *wachsen; werden*
grown-up *Erwachsener*
gruy**è**re *Schweizer Käse*
guard [ga:d] *Schaffner*
gu**i**nea hen [gini] *Perlhuhn*

H

h**a**ddock *Schellfisch*
hair [häö] *Haar*
h**ai**rdresser *Frisör*
hake *Kabeljau*
half [ha:f] *halb, Hälfte*
halfpenny [hejpeni] *halber Penny*
h**a**libut *Heilbutt*
hall [ho:l] *Halle, Saal, Diele*
hall**o** *hallo! (Telefon)*
h**a**llporter *Hotelportier*
ham *Schinken*
h**a**mburger *deutsches Beefsteak*
hand *Hand*
to hand *reichen, übergeben*
h**a**ndsome [händsöm] *hübsch*
to h**a**ppen *sich ereignen, geschehen*
h**a**ppy *glücklich*
hard *hart, schwer, angestrengt*
hard-boiled *(am.* hard-cooked*) hartgekocht*

hardly *kaum*
hare [häö] *Hase*
haricot soup *Bohnensuppe*
hasenpfeffer *Hasenpfeffer*
hash *Haschee*
hat *Hut*
hatbox *Hutkoffer*
to hate *hassen*
to have *haben*
hazelnut [hejslnat] *Haselnuß*
he [hi:] *er*
head [hed] *Kopf*
headache [hedejk] *Kopfweh*
head-waiter [hedwejtö] *Oberkellner*
health [helth] *Gesundheit*
healthy [helthi] *gesund*
to hear [hiö], heard [hö:öd], heard *hören*
heart [ha:t] *Herz*
heavy [hewi] *schwer (Gewicht), schwer verdaulich*
help *Hilfe*
to help *helfen*
hen *Henne*
her *ihr (Besitz, 3. Pers. Einz.)*
her *sie (4. Fall Einz.)*
herb [hö:b] *Küchenkraut*
here [hiö] *hier*
herring *Hering*
hers *der, die, das ihrige, die ihrigen (weibl., Einz.)*
herself *sich (selbst) (3. Pers. Einz. weibl.)*
high [hai] *hoch*
highroad, highway *Landstraße*
high tea *vornehmer Nachmittagstee*
him *ihm, ihn*
himself sich *(selbst) (3. Pers. Einz. männl.)*
his *sein(e); der, die, das seinige, die seinigen*
hock *deutscher Weißwein, Rheinwein*
holiday *Feiertag, Ferien*
hollandaise sauce *holländische Soße (mit Eigelb, Butter und Essig)*
home *heim; Heim;* at home *daheim*
honest [onest] *ehrlich*
honey [hani] *Honig*
hors d'œuvre [ordövr] *Vorspeise*
horseradish *Meerrettich*
hospital *Krankenhaus*
hot *heiß; scharf gewürzt*
hotel *Hotel*
hotelkeeper *Hotelbesitzer, Hotelier*
hour [auö] *Stunde*
house *Haus*
to house *beherbergen, unterbringen*
how [hau] *wie?*
a (one) hundred [handrd] *hundert*
hundredweight *(abg.* cwt*) Zentner (ca.* $101^1/_2$ *Pfund)*
hurry [harri] *Eile;* I am in a hurry *ich habe es eilig*
husband [hasbönd] *Gatte, Mann*

I [ai] *ich*
ice [ais] *Eis*
ice cabinet, ice safe *Eisschrank*
ice cream *Speiseeis*
iced [aist] *eisgekühlt*
idea [aidiö] *Idee, Gedanke*
if *falls, wenn; ob*
ill *krank; schlecht*
illness *Krankheit*
to imagine [imädschin] *sich vorstellen, sich einbilden*
immediately [imi:djetli] *sofort*
important *bedeutend, wichtig*
impossible *unmöglich*
in *in, auf*
inch *(abg.* in*) Zoll (ca. 2,5 cm)*
to include *einschließen (im Preis)*
inclusive *(alles) inbegriffen*
to increase [inkri:s] *steigern, vermehren*
indeed *tatsächlich*
India *Indien*
indigestion [indidschestschn] *Magenbeschwerden, Verdauungsstörung*
individual *für 1 Person*
influenza *(abg.* flu*) Grippe*
to inform *benachrichtigen*
information *Auskunft*
ingredients [ingri:djents] *Zutaten*
inn *Gasthof*
innkeeper *Gastwirt*
innkeeping *Hotelwesen*
to inquire [inkwaiö] *sich erkundigen*
inquiry [inkwairi] *Erkundigung*
insipid *fad, ohne Geschmack*
to insist on *bestehen auf*
instead of *anstatt*
to intend *beabsichtigen, wollen*
intention *Absicht*
interesting *interessant*
to be interested in *sich interessieren für*
interpreter *Dolmetscher*
to interrupt [interapt] *unterbrechen*
intersection *Straßenkreuzung*
interview [intöwju:] *Unterredung*
into *in (hinein)*
to introduce [introdju:s] *vorstellen*
to invite [inwait] *einladen*
Ireland [aiölend] *Irland*
Irish [airisch] *irisch*
Irishman [airischmen] *Irländer(in)*
Irish stew [airisch stju:] *Hammelragout auf irische Art*
it *es*
its *sein (Besitz, 3. Pers. Einz. sächl.); der, die, das seinige, die seinigen*
Italian [itäljön] *italienisch; Italiener(in)*
Italy *Italien*

J

jam [dschäm] *Konfitüre, Marmelade*
January [dschänueri] *Januar*
jelly [dschelli] *Gelee, Gallerte*
job [dschob] *Arbeit, Beschäftigung, Stelle*
joint [dschoint] *Bratenstück*
journey [dschö:ni] *Reise*
jug [dschag] *Kanne, Kännchen*
jugged hare [dschagd häö] *Hasenpfeffer*
juice [dschu:s] *Saft*
juicy [dschu:si] *saftig*
July [dschulai] *Juli*
June [dschu:n] *Juni*
junction [dschanktschn] *Straßenkreuzung, Verkehrsknotenpunkt*
junior cook [dschu:niö kuk] *Jungkoch, Hilfskoch*
junket [dschankit] *Milchgelee*
just [dschast] *eben, gerade; bloß; gerecht, recht*

K

to keep, kept, kept *halten, bewahren, weiterfahren;* to keep in mind *sich merken*
kettle *Kessel*
key [ki:] *Schlüssel*
kidney *Niere*
kind [kaind] *gütig, freundlich*
kind [kaind] *Art, Sorte*
kindly *bitte*
kippered herring *Räucherhering*
kitchen [kitschn] *Küche*
kitchen cupboard [kaped], kitchen dresser *Küchenbüfett*
kitchen maid *Küchenmädchen*
kitchen range [reindsch] *Küchenherd*
kitchen utensils [jutensls] *Küchengeräte*
knife [naif] *Messer*
to knock [nock] *klopfen*
to know [nou], knew [nju:], known *kennen, wissen*
kohlrabi *Kohlrabi*

L

to label *etikettieren*
lad *Bursche*
lady [lejdi] *Dame;* ladies and gentlemen! *meine Damen und Herren!*
ladle *Schöpflöffel*
lagerbeer *(brit.) leichtes Bier*
lamb [läm] *Lammfleisch*
landlady *Besitzerin, Wirtin*
landlord *Besitzer, Wirt*
language [längwidsch] *Sprache*

lard *Schweineschmalz*
larder *Speisekammer*
large [la:dsch] *groß (Ausdehnung)*
last *letzte;* at last *zuletzt*
late *spät;* I am late *ich bin (zu) spät dran*
to laugh [la:f] *lachen*
laundry [lo:ndri] *Wäscherei*
to lay, laid, laid *legen;* to lay the table *den Tisch decken*
layer *Schicht*
lazy [lejsi] *faul*
to lead [li:d], led, led *führen*
leaf [li:f] *Blatt*
lean [li:n] *mager*
to learn [lö:n] *lernen*
to leave [li:v], left, left *lassen, hinterlassen, veranlassen;* to leave for *abreisen nach*
leek *Lauch, Porree*
leek soup *Lauchsuppe*
left *linke*
left baggage office *(am.) Gepäckaufbewahrung*
leg *Bein, Keule*
legal [li:gl] *gesetzlich*
lemon *Zitrone*
lemonade *Limonade*
lemon juice *Zitronensaft*
lemon rind *Zitronenschale*
lemon squash [skwosch] *natürliche Zitronenlimonade*
to lend, lent, lent *leihen*
length *Länge*
lentil *Linse*
lentil soup *Linsensuppe*
less *weniger*
lesson *Unterrichtsstunde*
to let, let, let *lassen; vermieten*
letter *Brief*
letter-box *Briefkasten*
lettuce [letös] *Kopfsalat*
liberty *Freiheit*
licensed [laisensd] *konzessioniert*
lid *Deckel*
to lie [lai], lay, lain *liegen;* to lie down *sich hinlegen*
Liederkranz *amerik. Käsesorte*
life [laif] *Leben*
lift *Fahrstuhl*
to lift *aufheben*
lift attendant, liftboy *Liftjunge*
to light [lait], lit, lit *anzünden*
light [lait] *Licht*
light [lait] *hell; leicht (Gewicht)*
to like [laik] *etwas gern haben (essen, trinken rauchen), mögen, gefallen*
like [laik] *wie*
likely *wahrscheinlich*
lime [laim] *Limone*
lime juice *Limonensaft*
line [lain] *Leitung, Apparat, Nummer*
liner [lainö] *Ozeandampfer*
liqueur [likö:ö] *Likör*
liquors [likös] *Spirituosen*
to listen to [lisn] *zuhören, horchen*
little *klein, unbedeutend; wenig*

to live [liv] *leben, wohnen*
liver *Leber*
living-room *Wohnzimmer*
lobby *(Hotel-)Halle*
lobster *Hummer*
local call *Ortsgespräch*
to lock off *absperren*
locomotive *Lokomotive*
loin *Lende, Nierenstück*
long *lang*
long distance call *(am.) Ferngespräch*
look *Blick*
to look *schauen*; to look at *anschauen*; to look for *suchen nach*
lorry *Lastkraftwagen*
to lose [lu:s], lost, lost *verlieren*
lot *Menge*; a lot of *sehr viel(e)*
loud [laud] *laut*
lounge [laundsch] *Hotelhalle*
to love [lav] *lieben*
lovely *köstlich, lieblich, schön*
luggage [lagidsch] *Gepäck (brit.)*
lump-sugar [lampschugö] *Würfelzucker*
lunch (luncheon) [lantsch] *Imbiß, zweites Frühstück, leichtes Mittagessen*
lunch-room, luncheon-bar *Mittagsrestaurant*
luxurious [lagschuriös] *luxuriös*

M

macaroni *Makkaroni*
macaroon *Makrone*
mace *Muskatblüte, -blatt*
mackerel *Makrele*
mad *wütend, wahnsinnig*
Madam [mädm, mäm, m'm] *gnädige Frau*
magazine *Zeitschrift*
maid *Dienstmädchen*
mail *Post (ein-, abgehende)*
mail-box *(am.) Briefkasten*
main *hauptsächliche, Haupt-*
to make, made, made *machen, lassen*; to make up one's mind *sich entschließen, beschließen*
male [mejl] *männlich*
man *Mann, Mensch (Mehrzahl* men*)*
manager [mänidschö] *Direktor, Geschäftsführer*
many *viele (Mehrzahl)*; many a *mancher*
March [ma:tsch] *März*
margarine [ma:dscherin] *Margarine*
marjoram [ma:dschorem] *Majoran*
marmalade *Orangenmarmelade*
marriage *Ehe, Heirat*
marrow [märou] *Mark (Knochen)*
to marry *heiraten, verheiraten*
mash *Kartoffelbrei*
master *Meister, Herr*
match [mätsch] *Zündholz*

matter *Angelegenheit;* it doesn't matter *es macht (schadet, tut) nichts;* what is the matter? *was ist los?*
m**a**ttress *Matratze*
mat**u**re *gereift*
May *Mai*
may *darf, darfst usw.; kann usw. (Erlaubnis)*
m**ay**be *vielleicht*
mayonn**ai**se *Mayonnaise*
me *mich, mir*
meal *Mahlzeit*
to mean [mi:n], meant [ment], meant *bedeuten, meinen*
m**ea**ning *Bedeutung*
means *Mittel;* means of communic**a**tion *Verkehrsmittel*
m**ea**sure [mescher] *Maß*
meat [mi:t] *Fleisch*
m**ea**tball *Fleischkloß*
meat croqu**e**tte *Frikadelle*
meat d**u**mpling *Fleischknödel*
m**ea**tloaf *Hackbraten*
m**ea**t-pie *Fleischpastete*
medecine *Arznei, Medizin*
medium [mi:djöm] *mittel; ziemlich durchgebraten*
to meet, met, met *begegnen, treffen*
m**e**lon *Melone*
to melt *zergehen, schmelzen*
m**e**mber *Mitglied*
men**u** [menju:] *Speisekarte, Menü*
mer**in**gue *Meringe, Schaumgebäck*
meuni**è**re sauce *Soße mit gebräunter Butter, Zitrone, Petersilie*
m**i**dnight *Mitternacht*
mignonette *kleines Filetstück*
mild [maild] *mild; leicht (Zigarren)*
mile [mail] *Meile (ca. 1,6 km)*
milk [milk] *Milch*
m**i**lkman *Milchhändler*
m**i**llion *Million*
to mince [mins] *hacken*
m**i**ncemeat *gehackte Früchte zur Füllung von Pasteten (in USA mit Fleisch)*
mince-pie *Pastete mit gehackten Früchten gefüllt*
m**i**ncer, m**i**ncing mach**i**ne *(Fleisch-)Hackmaschine*
to mind [maind] *beachten; etwas einzuwenden haben;* never mind *macht (schadet, tut) nichts*
mine [main] *der, die, das meinige, die meinigen*
m**i**neral w**a**ter *Mineralwasser*
minestr**o**ne *Gemüsesuppe mit Einlagen*
mint [mint] *Minze*
mint sauce *Minzensoße*
m**i**nute [minit] *Minute*
Miss *Fräulein*
to miss *verfehlen, versäumen*
mist**a**ke *Fehler*
mist**a**ken *irrig*
to mix *mischen*
mixed grill *verschiedenes geröstetes Fleisch*
mixed pickles *gemischte pikant eingemachte Gemüse*
mock turtle [tö:tl] soup *falsche Schildkrötensuppe*
m**o**derate *mäßig*
m**o**dern *modern, neuzeitlich*
mol**a**sses *Sirup*

M**o**nday [mandi] *Montag*
m**o**netary system *Geldsystem, Währung*
m**o**ney [mani] *Geld*
m**o**ney **o**rder *Postanweisung*
month [manth] *Monat*
more *mehr*
m**o**rning *Morgen*
tomorrow *morgen*
mos**e**lle *Moselwein*
most *meist*
m**o**stly *meistens*
m**o**ther [madher] *Mutter*
mother-in-law *Schwiegermutter*
m**o**tor-car *Auto, Kraftfahrzeug*
m**o**torcycle [motösaikl] *Motorrad*
mouse [maus] *Maus, Mehrzahl* mice [mais]
mousse *Schaum, Kremeis*
to move [mu:v] *(sich) bewegen;* to move in *einziehen*
m**o**vies [mu:vis] *Kino*
Mr. [m**i**stö] *(stets mit Namen) Herr*
Mrs. [m**i**sis] *(stets mit Namen) Frau*
much [match] *viel*
m**u**ffin [m**a**fin] *flacher Teekuchen*
mulled wine [mald wain] *Glühwein*
m**u**llet [malit] *Barbe*
mulligat**a**wny [maligöto:ni] *scharfe indische Fleischsuppe*
M**u**nich [mju:nik] *München*
mus**e**um [mjusi:öm] *Museum*
m**u**shroom [maschru:m] *Pilz*
m**u**sic [mju:sik] *Musik*
m**u**sical [mju:sikl] *musikalisch*
m**u**sic-hall [mju:sikho:l] *Variété*
mussel [masl] *Muschel*
m**u**stard [mastöd] *Senf*
must [mast] *muß, mußt, müssen, müßt*
m**u**tton *[matn] Hammelfleisch*
my [mai] *mein(e)*
mys**e**lf *mich (selbst)*

N

name [nejm] *Name*
n**a**pkin *Serviette*
n**a**sty [nästi] *garstig*
nation**a**lity [näschnäliti] *Staatsangehörigkeit*
near [niö] *nahe bei*
n**ea**rest *nächste (Entfernung)*
n**ea**rly *beinahe, fast, nahezu*
n**e**cessary [nesisöri] *notwendig*
to need [ni:d] *benötigen, brauchen*
n**ei**ther [naidhö] *(am.* ni:dhö*) keiner von beiden*
n**ei**ther . . . nor *weder . . . noch*
n**e**phew [nefju:] *Neffe*
next *nächste (Reihenfolge)*
n**e**ver *niemals*
new [nju:] *neu*

news [nju:s] *Nachricht(en)*
newspaper [nju:spejpö] *Zeitung*
newsboy *Zeitungsjunge*
New Year's Day [nju: jiös dej] *Neujahrstag*
New Zealand [nju: si:lönd] *Neuseeland*
nice [nais] *hübsch, nett*
nickel *5-Cent-Stück*
niece [ni:s] *Nichte*
night [nait] *Nacht*
nine [nain] *neun*
nineteen [nainti:n] *neunzehn*
ninety [nainti] *neunzig*
ninth [nainth] *neunte, Neuntel*
no *nein, kein(e)*
nobody, no one *niemand*
none [nan] *keine(r, s) (ohne Hauptwort)*
noise *Lärm*
noisy *geräuschvoll, lärmend*
non-smoking compartment (non-smoker) *Nichtraucherabteil*
noodles [nu:dls] *Nudeln*
noon [nu:n] *Mittag*
north *Norden*
not *nicht;* not at all *durchaus nicht*
note-paper *Briefpapier*
nothing [nathing] *nichts*
November *November*
now [nau] *nun, jetzt*
nowhere [nouwäö] *nirgends*
number [nambö] *Nummer*
nurse [nö:s] *Krankenschwester, Kinderschwester*
nut [nat] *Nuß*
nutmeg [natmeg] *Muskatnuß*

O

oatmeal soup [outmi:l su:p] *Haferschleimsuppe*
to object [obdschekt] *etwas einzuwenden haben*
to obtain *bekommen*
occasion [okejschn] *Gelegenheit, Anlaß*
to occupy [okjupai] *besetzen, beschäftigen*
October *Oktober*
of *von*
off *ab, weg von;* off limits *Zutritt verboten*
to offer *anbieten*
offer *Angebot*
office [ofis] *Amt, Büro*
official [ofischl] *amtlich, offiziell*
often [ofn] *oft*
oil *Öl*
O. K., okay [oukej] *(am. Umgangssprache) richtig, in Ordnung*
old *alt*
olive *Olive*
omelette *Eierkuchen*
omnibus *Omnibus*
on *auf, an, bei, über*
on account of *wegen*
once [wans] *einmal*
one [wan] *eins, ein(e); man*
only [ounli] *nur, erst*

open *offen*
to open *öffnen*
opening *offene Stelle*
opera *Oper*
opinion *Ansicht, Meinung*
opportunity *(günstige) Gelegenheit*
opposite *gegenüber; entgegengesetzt; Gegenteil*
or *oder*
orange [orindsch] *Apfelsine*
orangeade [orindscheid] *natürl. Orangenlimonade*
orchestra [o:keströ] *Orchester*
order *Auftrag, Bestellung*
to order *bestellen, befehlen, veranlassen*
ordinary [o:dnöri] *gewöhnlich*
origin [oridschin] *Herkunft, Ursprung*
other [adhö] *andere(s)*
ounce [auns] *„Unze", ca. 28 Gramm*
our [auö] *unser(e)*
ours [auös] *der, die, das unsrige, die unsrigen*
ourselves *uns (selbst)*
out of *aus ... heraus;* out of order *nicht in Ordnung, kaputt;* out of work *arbeitslos*
oven *Backofen, Bratrohr*
over *über, hin-, herüber;* over here *hier herüben;* over there *dort drüben*
overcoat *Mantel, Überzieher*
to overcook *zu stark braten, zu lang kochen*
overdone [ouvödan] *zu stark gebraten, zu lang gekocht*
overdue [ouvödju:] *überfällig*
to oversleep oneself *verschlafen*
own [oun] *eigene(s) (nach besitzanzeigenden Fürwörtern)*
owner [ounö] *Besitzer*
ox *Ochse; Mehrz.* oxen
oxtail soup *Ochsenschwanzsuppe*
oyster *Auster*

P

package [päkidsch] *Paket*
packet *Päckchen*
to pack up *verpacken*
page [pejdsch] *Hoteljunge*
page *Seite (im Buch)*
pain [pejn] *Schmerz*
painful *schmerzhaft*
pale [pejl] *blaß;* pale ale *helles Bier*
pan *Pfanne, flacher Tiegel*
pancake [pänkejk] *Pfannkuchen*
pantry *Speisekammer*
paper [pejpö] *Papier, Zeitung*
paper-money *Papiergeld*
paprika *Paprika*
to parboil *anbraten, ankochen*

parcel *Paket, Päckchen;* Parcel Post Office *Paketpostamt*

parents *Eltern*

parents-in-law *Schwiegereltern*

park *Park*

to park *parken*

parking (lot) *Parkplatz*

Parmesan cheese *Parmesankäse*

parsley *Petersilie*

part *Teil*

particular(ly) *besondere(s), insbesondere*

particulars *Einzelheiten*

partridge [pa:tridsch] *Rebhuhn*

party *Veranstaltung, Gesellschaft*

to pass *reichen; vergehen*

passenger [päsindschö] *Fahrgast, Passagier, Reisender;* passenger carriage *Personenwagen (Eisenbahn)*

past *nach (bei Zeitangabe)*

pastry [pejstri] *Gebäck*

pastry board *Nudelbrett*

pastry cook *Zuckerbäcker, Mehlspeisenkoch*

pâté de foie gras [pate dö foa gra] *Gänseleberpastete*

patron [pejtrön] *Gast, Kunde, Stammgast*

pay [pej] *Bezahlung*

to pay *bezahlen;* to pay attention *achtgeben, Aufmerksamkeit schenken*

payment *Bezahlung*

pavement *Bürgersteig*

pea [pi:] *Erbse*

pea soup *Erbsensuppe (auch scherzhafter Ausdruck für dichten Nebel)*

peach [pi:tsch] *Pfirsich*

pear [päö] *Birne*

pen *Schreibfeder*

pencil [pensl] *Bleistift*

penny *engl. Kupfermünze (ca. 5 Pf); Mehrzahl* pence

people [pi:pl] *Leute; man*

pepper *Pfeffer, Paprikaschote*

pepper-box *Pfeffergefäß*

percent *Prozent*

perch [pö:tsch] *Barsch*

perfect *vollkommen*

perhaps [pöhäps, präps] *vielleicht*

to permit [pömit] *erlauben, zulassen;* to be permitted *dürfen*

petrol *(brit.) Benzin*

pheasant [fesnt] *Fasan*

physician [fisischn] *Arzt*

pickles *in Essig eingemachte, verschiedene Gemüse (Gurken usw.)*

pickpocket *Taschendieb*

picture [piktschö] *Bild; Film*

picture-house, pictures *Kino*

pie [pai] *Pastete*

piece [pi:s] *Stück*

pig *Schwein*

pigeon *[pidschn] Taube*

pike [paik] *Hecht*

pilchard [piltschöd] *große Sardine*

p**i**llar-box *(brit.) Briefkasten*
p**i**llow *Kopfkissen*
pim**e**nto *Jamaikapfeffer*
p**i**neapple [painäpl] *Ananas*
pink *rosa*
pint [paint] *ca. 1/2 Liter*
pipe [paip] *Pfeife; Rohr*
piqu**a**nt sauce *pikante Soße*
pit *Parkett (Theater)*
p**i**tcher *Kanne, Krug*
p**i**ty *Mitleid;* it is a pity *es ist schade*
place [plejs] *Lokal, Ort, Platz*
to place *stellen, legen*
pl**a**cement **a**gency [plejsmnt ejdschnsi] *(am.) Stellenvermittlung*
plaice *Scholle*
plane *Flugzeug*
plate *Teller*
pl**a**tform *Bahnsteig;* platform ticket *Bahnsteigbillett*
to play *spielen*
pl**ay**goer *Theaterbesucher*
pl**ea**sant [plesnt] *angenehm, nett*
please [pli:s] *bitte*
pl**ea**sure [pleschö] *Vergnügen*
pl**e**nty of *sehr viel, reichlich*
plum [plam] *Pflaume*
pl**u**m-p**u**dding *Rosinenpudding*
p.m. [pi: em] *nachmittags (bei Zeitangaben von 12 bis 24 Uhr)*
poached eggs [poutscht egs] *verlaufene (verlorene) Eier*
p**o**cket *Tasche (im Kleidungsstück)*
point *Punkt;* on the point of *im Begriff*
to point to *deuten auf*
pol**i**te [polait] *höflich*
poor [puö] *arm*
p**o**pular [popjulö] *beliebt, volkstümlich*
pork *Schweinefleisch*
p**o**rridge [poridsch] *Haferbrei*
port *Portwein*
p**o**rter *dunkles Bier*
p**o**rter *Hoteldiener, Gepäckträger*
p**o**ssible *möglich*
possib**i**lity *Möglichkeit*
to post *aufgeben (Brief)*
p**o**stage [poustidsch] *Porto*
p**o**st-card *Postkarte*
p**o**stal **o**rder *Postanweisung*
poste rest**a**nte *postlagernd*
p**o**stman *Briefträger*
post-**o**ffice *Postamt*
pot *Topf, Tiegel*
to pot *(in Büchsen) einmachen*
pot**a**to *Kartoffel;* fried potatoes *Bratkartoffeln;* mashed p. *Kartoffelpüree;* shoestring p. *sehr dünne Bratkartoffeln* (shoestring = *Schnürsenkel)*
potato chips *(kalte) gebakkene, gesalzene Kartoffelscheibchen*
potatoes in their j**a**ckets *Kartoffeln im Schlafrock*
potato m**a**sher *Kartoffelstampfer*
p**ou**ltry *Geflügel*
pound [paund] *engl. Pfund (ca. 450 g)*

pound Sterling (£) Pfund *Sterling (ca. 4 DM)*

to pour [po:ö] *gießen*

to p**ow**der [paudö] *bestreuen*

prawn [pro:n] *Steingarnele*

to pref**er** [prifö:] *vorziehen*

to preh**ea**t [prihi:t] *vorwärmen*

prepar**a**tion *Vorbereitung, Zubereitung*

to prep**a**re [pripäö] *zubereiten*

prescr**i**ption *Rezept (Arzt)*

pr**e**sent [presnt] *Geschenk*

pr**e**sent [presnt] *gegenwärtig*

to pres**e**nt with [prisent] *überreichen*

pres**e**rved fruit, pres**e**rves *Kompott, eingemachte Früchte*

to press *drücken; bügeln;* to press the b**u**tton *läuten, klingeln*

pr**e**tty [priti] *hübsch; ziemlich*

to prev**e**nt from *hindern an*

prime *erstklassig*

to prod**u**ce [prodju:s] *erzeugen, ergeben, herstellen*

prof**e**ssion *Beruf*

pr**o**mise [promis] *Versprechen*

to pr**o**mise *versprechen*

to pron**ou**nce [pronauns] *aussprechen*

pronunci**a**tion *Aussprache*

prop**o**rtion *Verhältnis*

propr**i**etor [propraiötö] *Eigentümer*

to prot**e**ct from *schützen gegen*

proud of [praud] *stolz auf*

pr**o**verb *Sprichwort*

prov**i**sion d**ea**ler *Feinkosthändler*

prune [pru:n] *gedörrte Pflaume*

p**u**blic call-room *öffentliche Fernsprechzelle*

p**u**blic-house [pablik-] *Wirtshaus, Kneipe (abg. „*pub*")*

p**u**dding [puding] *Pudding*

to pull [pul] *ziehen*

p**u**llet [pulit] *Masthuhn, Poularde*

p**u**mpkin [pampkin] *Kürbis*

punch [pantsch] *Punsch*

to put *legen, stellen, stecken;* to put off *verschieben;* to put up *absteigen (Hotel), unterbringen;* to put up with *sich abfinden mit*

Q

quail *Wachtel*

qualific**a**tion *Eignung*

quart *(ca. 1$^1/_8$ Liter)*

qu**a**rter *Viertel, Stadtviertel*

queue [kju:] *Schlange (stehen)*

qu**e**stion [kwestschn] *Frage*

quick *schnell;* quick frozen *tiefgekühlt*

qu**i**ck lunch r**e**staurant *Schnellgaststätte*

qu**i**et [kwaiöt] *ruhig*

quilt [kwilt] *Steppdecke*

quite [kwait] *ganz (gänzlich)*

R

rabbit *Kaninchen*
rack *Gestell, Rost, Gepäcknetz*
radish *Radieschen, Rettich*
railroad *(am.) Eisenbahn*
railway *(brit.) Eisenbahn*
rain *Regen*
to rain *regnen*
rainy *regnerisch*
raisin *Rosine*
range [rejndsch] *Herd*
rare [räö] *selten; bei Fleisch: halb durch (am.)*
raspberry *Himbeere*
rather *ziemlich, eher*
ravigote sauce *Soße mit gehacktem Eigelb, Essig, Öl, Petersilie, Salz, Pfeffer und etwas Knoblauch*
raw [ro:] *roh (ungekocht)*
to reach [ri:tsch] *erreichen*
to read [ri:d], read [red], read *lesen*
ready [redi] *fertig, bereit*
ready-to-use *gebrauchsfertig*
real [ri:öl] *echt, wirklich*
really *tatsächlich, wirklich*
receipt *[risi:t] Quittung*
to receive [risi:v] *empfangen*
receiver *Empfänger, Hörer (Telefon)*
reception *Empfang*
reception clerk [risepschn kla:k] *Empfangschef*
recipe [resipi] *Rezept (Küche)*
to recommend *empfehlen*
red *rot*
red beet *rote Rübe*
to reduce [ridju:s] *vermindern*
to refresh *erfrischen*
refreshment *Erfrischung*
refreshment room *Erfrischungsraum*
refrigerator [rifridschörejtö] *Kühlschrank*
to register *aufgeben (Gepäck)*
registered *eingeschrieben (Brief)*
to regret bedauern
regular [regjulö] *gewöhnlich, regelmäßig, fahrplanmäßig*
to reheat *aufwärmen*
reindeer *Renntier*
relation, relative *Verwandter*
relish *Geschmack, Würze*
to relish *schmecken, Geschmack finden an*
to rely [rilai] *sich verlassen*
to remember *sich erinnern*
to remind of [rimaind] *(jemand) an etwas erinnern*
to remove [rimu:v] *umziehen; wegnehmen*
to repair [ripäö] *reparieren*
to request *bitten, ersuchen*
request *Ersuchen, Wunsch;* on request *auf Wunsch*
to require *brauchen, erfordern*
residence *Wohnung;* board and residence *volle Pension*
respects *Grüße*
to rest *ruhen*

restaurant *Restaurant, Gasthaus*
to ret**ai**n *zurückbehalten*
ret**u**rn t**i**cket *Rückfahrbillett*
rh**u**barb [ru:ba:b] *Rhabarber*
rib *Rippe*
rich *reich*
right [rait] *recht, richtig; rechte;* to be right *recht haben*
to ring, rang, rung *läuten;* to ring off *abläuten (Telefon);* to ring up *anrufen (Telefon)*
to rinse *ausspülen*
to rise [rais], rose, r**i**sen [risn] *aufstehen, sich erheben*
road [roud] *Fahrdamm, Straße*
r**oa**dway *Fahrdamm*
roast [roust] *Braten*
to roast *braten*
r**oa**stbeef *Ochsenbraten*
roe [rou] *Reh*
roll [roul] *Semmel, Brötchen*
to roll *ausrollen (Teig)*
r**o**lling pin *Nudelholz*
rom**ai**ne *Sommerendivie*
room *Raum, Zimmer, Platz*
r**oo**ster *(am.) Hahn*
R**o**quefort *französische Käsesorte*
r**o**semary *Rosmarin*
round [raund] *rund; Runde*
rug [rag] *Bettvorleger, Brücke*
rule [ru:l] *Regel;* as a rule *in der Regel*
rum [ram] *Rum*
to run [ran], ran [rän], run *laufen, rennen;* to run out of *mit etwas zu Ende gehen*
R**u**ssia [raschö] *Rußland*
R**u**ssian [raschn] *russisch; Russe, Russin*

S

s**a**ffron *Safran*
sage [seidsch] *Salbei*
s**a**lad *Salat*
s**a**lary *Gehalt, Lohn*
sale [sejl] *Verkauf*
s**a**lesman *Verkäufer (brit.); Vertreter (am.)*
s**a**lmon [sämön] *Lachs*
sal**oo**n-bar *Ausschank, Kneipe, Schenke*
sal**oo**n-keeper *Wirt; Schankwirt*
salt [so:lt] *Salz; gesalzen*
to salt *salzen*
salt water fish *Seefisch*
same [sejm] *selbe*
s**a**ndwich [sändwitsch] *belegtes Brot*
sard**i**ne [sa:di:n] *Sardine*
satisf**a**ctory *zufriedenstellend*
S**a**turday [sätödi] *Samstag*
sauce [so:s] *Soße*
s**au**ceboat *Soßenschüssel*
s**au**cepan *Kochtopf, Tiegel*
s**au**erkraut *Sauerkraut*
s**au**sage [sosidsch] *Wurst*
to saut**é** *im heißen Fett braten*
s**a**voury [sejvöri] *schmackhaft; pikantes Vorgericht*

to say [sej], said [sed], said *sagen*

to scald [sko:ld] *brühen; abkochen (Milch)*

scallop *Kammuschel*

scanty [skänti] *dürftig*

schedule [*am.* skedju:l, *brit.* schedju:l] *Plan, Programm*

school [sku:l] *Schule*

scone *(dreieckiger) Weizen- oder Gerstenmehlkuchen (zum Tee)*

Scotch *schottisch (familiär: schottischer Whisky)*

Scotchman, Scotsman *Schotte*

Scotland *Schottland*

scrambled eggs *Rühreier*

scullery [skalri] *Spülküche*

to sear [si:ö] *sengen (Geflügel)*

seaside [si:said] *Strand, Seebad*

season [si:sn] *Jahreszeit*

to season [si:sn] *würzen*

season ticket *Abonnementskarte (Eisenbahn)*

seat [si:t] *Sitz, Platz*

second [seknd] *zweite(r); Sekunde*

secretary *Sekretär(in)*

to see [si:], saw [so:], seen [si:n] *sehen;* to see off *an die Bahn begleiten*

to seek [si:k], sought [so:t], sought *suchen*

to seem [si:m] *scheinen (den Anschein haben)*

seldom [seldöm] *selten*

to select *auswählen*

selection *Auswahl*

self-service *Selbstbedienung*

to sell, sold, sold *verkaufen*

to send, sent, sent *senden;* to send off *absenden*

September *September*

servant [sö:vönt] *Dienstbote*

to serve [sö:v] *bedienen, auftragen*

service [sö:vis] *Bedienung*

serviette *Serviette (Kellner)*

to settle *begleichen, bezahlen*

seven [sevn] *sieben*

seventeen [sevnti:n] *siebzehn*

seventh *siebente; Siebtel*

seventy *siebzig*

several *mehrere*

shall [schäl] *sollst, soll, sollt, sollen; bei Zukunft: „werde, werden"*

shallot *Schalotte*

to share [schäö] *teilen*

sharp *scharf; genau (Zeit)*

to shave [schejv] *rasieren*

she [schi:] *sie (Einz. 1. Fall)*

sheet [schi:t] *Bettuch*

shellfish *Schalentier(e)*

sherbet, sorbet *Sorbett*

sherry *Jerezwein*

to shine [schain] *scheinen (Sonne); putzen (Schuhe), polieren (Silber)*

shoe [schu:] *Schuh*

shoemaker *Schuhmacher*

shoeshine *Schuhputzer*

shop *Laden*

shop assistant *Verkäufer*

shopkeeper *Ladenbesitzer*

shopping *Einkaufen*

short *kurz*
shortcake *Mürbeteigkuchen*
shortening *Fett, Pflanzenfett*
should [schud] *sollte, solltest, sollten, solltet; bei Bedingungsform: „würde, würden"*
shoulder [schouldö] *Schulter*
show [schou] *Vorstellung (Theater)*
to show [schou], showed, shown *zeigen;* to show over *herumführen;* to show in *hereinführen*
shower [schauö] *Regenschauer*
shrimp *Garnele*
sick *krank*
sickroom *Krankenzimmer*
side [said] *Seite*
sidewalk [saidwo:k] *(am.) Bürgersteig*
sieve [si:v] *Sieb*
to sift *sieben*
sight-seeing [saitsi:ing] *Besuch von Sehenswürdigkeiten*
silver *Silber, Silberzeug*
to simmer *brodeln (lassen)*
since [sins] *seit; da ja*
to singe [sindsch] *sengen (Geflügel)*
single room *Einzelzimmer*
single ticket *einfache Fahrkarte*
to sip *schlürfen*
Sir [sö:] *(mein) Herr (Anrede, ohne Namen)*
sirloin [sö:loin] *Lendenstück (Ochs)*
sister *Schwester*
sister-in-law *Schwägerin*
to sit, sat, sat *sitzen;* to sit down *sich setzen*
situation *Lage, Stellung*
six *sechs*
sixteen *sechzehn*
sixth *sechste; Sechstel*
sixty *sechzig*
skillet *(am.) Bratpfanne*
to skim *abschöpfen*
skimmer *Schaumlöffel*
to sleep, slept, slept *schlafen*
sleeping-car *(am.* sleeper*) Schlafwagen*
sleepy *schläfrig*
slice [slais] *Scheibe, Schnitte*
slight [slait] *geringfügig, klein*
slow [slou] *langsam*
small [smo:l] *klein (Ausdehnung)*
smart *elegant, vornehm*
smell *Geruch*
to smell *riechen*
to smile [smail] *lächeln*
smoke *Rauch*
to smoke *rauchen, räuchern*
smoking *das Rauchen*
smoking compartment (smoker) *Raucherabteil*
smooth *glatt, mild*
snack *Imbiß*
snackbar *Imbißraum*

snipe [snaip] *Schnepfe*
snow [snou] *Schnee*
to snow *schneien*
so [sou] *so;* so long *bis nachher!*
to soak [souk] *einweichen*
soap [soup] *Seife*
s**o**ber *nüchtern*
s**o**da(-water) *Selterswasser*
soft *weich*
soft-boiled *(am.* soft-cooked*) weichgekocht (Ei)*
soft drink *alkoholfreies Getränk*
sole *Seezunge*
some [sam] *etwas, einige, irgendein*
s**o**mebody, some one *jemand*
s**o**mehow [samhau] *irgendwie*
s**o**mething *etwas*
s**o**metimes [samtaims] *manchmal*
s**o**mewhat *einigermaßen*
s**o**mewhere *irgendwo*
son [san] *Sohn*
soon [su:n] *bald*
s**o**rry *betrübt;* I am sorry *es tut mir leid, ich bedaure*
sort *Art, Sorte*
souffl**é** *Auflauf*
sound [saund] *gesund*
soup [su:p] *Suppe*
soup-ladle *Schöpflöffel*
soup-tur**ee**n [töri:n] *Suppenschüssel*
sour [sauö] *sauer*
south [sauth] *Süden; südlich*
South **A**frica *Südafrika*
spare-rib *Rippenspeer*
spagh**e**tti *Spaghetti*
to sparkle *perlen, schäumen*
sp**a**tula *Spatel*
to speak [spi:k], spoke [spouk], spoken *sprechen*
sp**e**cial [speschl] *besondere, Sonder-; Spezialgericht, Spezialität*
speed-l**i**mit *Höchstgeschwindigkeit*
to spend, spent, spent *ausgeben (Geld); verbringen (Zeit)*
spice [spais] *Gewürz*
to spice [spais] *würzen*
sp**i**cy, spiced *stark gewürzt, scharf*
sp**i**nach [spinidsch] *Spinat*
sp**i**rits *Spirituosen, Alkohol*
spl**e**ndid *prächtig*
split $^1/_2$ *Flasche Mineralwasser*
to spoil *verderben*
sponge [spandsch] *Schwamm*
sponge cake *Sandkuchen*
spoon [spu:n] *Löffel*
to spread, spread, spread *ausbreiten, streichen*
spring *Frühling*
spring ch**i**cken *junges Huhn*
to sprinkle *bestreuen*
squab [skwob] *junge Taube*
square [skwäö] *Platz (Stadt)*
squash *Fruchtbrei, -saft*
staff (sta:f) *Personal*
stag *Hirsch*

staircase [stäökejs] *Treppenhaus*

stall [sto:l] *Sperrsitz*

stamp *Briefmarke, Stempel*

to stand [ständ], stood [stud], stood *stehen;* to stand a round *eine Runde zahlen*

to start *anfangen;* to start for *abreisen nach*

station *Bahnhof*

stationer *Papierwarenhändler*

to stay [stej] *bleiben, sich aufhalten*

steak [stejk] *gebratene Ochsenfleischschnitte, Beefsteak*

steam *Dampf*

to steam *dünsten, dämpfen*

steam boiler *Dampfkessel*

steamer *Dampfer*

stew [stju:] *gedünstetes Fleisch, Ragout*

steward [stju:öd] *Schiffskellner*

stewed fruit(s) *gedünstetes Obst, Kompott*

stewpan [stju:pän] *niedriger Kochtopf*

still *(immer) noch*

Stilton *englische Käsesorte*

to stir [stö:] *umrühren*

stone *Stein, Kern*

to stone *auskernen, entsteinen*

to stop *anhalten, aufhören, stehen bleiben*

store *Warenhaus, Kaufhaus*

stout *dunkles Bier*

straight on, straight ahead [strejt öhed] *gerade aus*

to strain *durchseihen*

stranger [strejndschö] *Fremder*

strawberry *Erdbeere*

straw potatoes *Strohkartoffeln*

street *Straße*

streetcar *(am.) Straßenbahn*

strong *stark*

to stuff [staf] *füllen (mit Füllsel)*

stuffed shoulder *gefüllte Schulter*

style [stail] *Stil, Art (Zubereitung)*

to succeed in [saksi:d] *gelingen (Erfolg haben)*

such [satsch] *solch;* such a *solch ein, ein solcher*

such as *wie zum Beispiel*

suckling pig [sakling] *Spanferkel*

to suffer [safö] *leiden, zulassen*

sugar [schugö] *Zucker*

sugar-basin [-bejsn] *Zuckerdose*

sugar-bowl [-boul] *Zuckerschale*

sugar-tongs *Zuckerzange*

to suggest [sadschest] *vorschlagen*

suit [sju:t] *Anzug*

to suit [sju:t] *passen, angenehm sein*

suit-case [sju:tkejs] *Handkoffer*

suite [swi:t] *mehrere Hotelzimmer*
sultana *Sultanine*
summer [samö] *Sommer*
sun [san] *Sonne*
Sunday [sandi] *Sonntag*
supper [sapö] *Abendessen (wenn am Mittag „dinner" eingenommen wird), auch sehr spätes Abendessen,*
to suppose [sapous] *vermuten*
supplementary *zusätzlich*
supreme *Gericht aus den feinsten Stücken (Geflügel)*
sure [schu:ö] *sicher*
surprised at [söpraisd] *überrascht*
sweet [swi:t] *süß; Süßspeise*
sweetbread *Bries*
sweetmeat *Süßspeise*
sweets *Süßigkeiten, Bonbons*
to swim, swam, swum [swam] *schwimmen*
Swiss *schweizerisch; Schweizer(in)*
switch *Schalter (Licht)*
switchboard operator *Telefonist(in)*
Switzerland *Schweiz*
syrup [siröp] *Sirup*
system [sistöm] *System*

T

T-bone steak *Steak am (T-förmigen) Knochen*
table [tejbl] *Tisch*
table-cloth *Tischtuch*
table-d'hôte *nach festem Menü und Preis*
tail [tejl] *Schwanz, Schweif*
tailor [tejlö] *Schneider*
to take [tejk], took [tuk], taken [tejkn] *nehmen; hinbringen;* to take in *abonnieren;* to take off *ausziehen, abnehmen;* to take care of *sorgen für;* to take leave of *Abschied nehmen*
tall [to:l] *groß (Wuchs)*
tart *Obstkuchen*
tartare sauce *(kalte) mit Senf gewürzte Soße, ähnlich der Mayonnaise*
taste [tejst] *Geschmack*
to taste *schmecken, versuchen*
tasty *schmackhaft*
tavern *Ausschank, Schenke*
taxi(-cab) *Taxi*
tea [ti:] *Tee*
tea-kettle *Teekessel*
tea-pot *Teekanne*
tea-room *Teestube, Frühstückszimmer*
tea-spoon *Teelöffel*
tea-things *Teegeschirr*
to teach [ti:tsch], taught [to:t], taught *lehren*
teacher [ti:tschö] *Lehrer*
telegram *Telegramm*
telegraph office *Telegrafenamt*
telephone *(abg.* phone*) Telefon*

telephone-box (call-box, public call-room) *öffentliche Telefonzelle*
to **te**lephone *(abg.* to phone*) telefonieren*
to tell, told, told *sagen, erzählen, mitteilen*
temperature [tempritschö] *Temperatur; Fieber*
ten *zehn*
tender *weich, zart*
tenderloin *besonders zarter Teil der Lende*
tenth *zehnte; Zehntel*
terminus *Endstation*
terms [tö:ms] *Bedingungen*
than *als (nur nach Steigerung)*
to thank *danken*
thanks *Dank; danke sehr*
thank you *danke*
that *daß*
that *jene(r, s); das (betont)*
that *welcher (der), welche (die), welches (das) (bezügl. Fürwörter)*
the *der, die, das* [dhö, *vor Selbstlaut* dhi]
th**e**atre *(am.* theater*)* [thi:ötö] *Theater*
their [dhäö] *ihr(e) (Mehrzahl)*
theirs [dhäös] *der, die, das ihrige, die ihrigen (Mehrzahl)*
them *sie (4. Fall, Mehrzahl)*
thems**e**lves *sich (selbst, 4. Fall, Mehrzahl)*
then *dann, damals*
there *da, dort*
there is *es gibt, es ist*
there are *es gibt, es sind*
these [dhi:s] *diese (Mehrzahl)*
they (dhej) *sie (Mehrz., 1. Fall)*
thick *dick*
to th**i**cken *dicker werden*
thin *dünn*
thing *Ding, Sache*
to think, thought [tho:t], thought *denken, glauben;* to think it over *es sich überlegen*
third [thö:d] *dritter; Drittel*
th**i**rsty [thö:sti] *durstig*
th**i**rt**ee**n [thö:ti:n] *dreizehn*
th**i**rty [thö:ti] *dreißig*
th**o**rough [thorou] *gründlich*
th**o**roughfare *Durchfahrtstraße*
those [dhous] *jene (Mehrzahl)*
three [thri:] *drei*
through [thru:] *durch*
through train *durchgehender Zug*
to throw [throu], threw [thru:], thrown *werfen*
th**u**nderstorm [thandösto:m] *Gewitter*
Th**u**rsday [thö:sdi] *Donnerstag*
thyme [taim] *Thymian*
t**i**cket *Billett, Eintrittskarte*
till *bis*
to tilt *neigen*
time [taim] *Zeit; Mal*
time-table *Fahrplan, Kursbuch*

tin *Konservenbüchse (brit.)*
tinned (meat) *Büchsen-(fleisch)*
tip *Trinkgeld*
to tip *ein Trinkgeld geben*
to [tu] *zu, an, bis, auf, nach, in*
toast [toust] *geröstete Brotschnitte*
tob**a**cco [tobäkou] *Tabak*
tob**a**cconist *Tabakwarenhändler*
tod**ay** heute
t**o**ddy *Grog*
tog**e**ther *zusammen, miteinander*
tom**a**to [toma:tou] *Tomate*
tomorrow *morgen*
tongue [tang] *Zunge*
too [tu:] *auch; zu (sehr)*
tooth [tu:th] *Zahn (Mehrz.* teeth)
t**oo**thache [tu:thejk] *Zahnweh*
t**oo**thbrush [tu:thbrasch] *Zahnbürste*
tot *Bißchen, Schlückchen*
tough [taf] *zäh*
t**o**wel [tauöl] *Handtuch*
town [taun] *Stadt*
track *Spur*
tr**a**ffic *Verkehr;* traffic light *Verkehrsampel*
tr**ai**ler [trejlö] *Anhänger*
train [trejn] *Eisenbahnzug*
tr**ai**ning *Ausbildung*
tr**a**mcar *(brit.) Straßenbahnwagen*

to transl**a**te [translejt] *übersetzen*
transl**a**tion *Übersetzung*
to tr**a**vel *reisen*
tr**a**veller (*am.* traveler) *Reisender*
tray *Brett, Tablett*
treacle [tri:kl] *Sirup*
trem**e**ndous [tremendös] *schrecklich*
trip *Ausflug, Reise*
tripe [traip] *Kuttelflecke;* tripe à la mode de Caen *in Weißwein gekochte Kuttelflecke*
trouble [trabl] *Unannehmlichkeit, Mühe,* no trouble *keine Ursache*
to trouble [trabl] *bemühen, belästigen, stören*
trout [traut] *Forelle*
truck [trak] *(am.) Lastkraftwagen*
truffel [trafl] *Trüffel*
trunk [trank] *großer Koffer*
trunk call *(brit.) Ferngespräch*
to try [trai] *versuchen, probieren*
T**ue**sday [tju:sdi] *Dienstag*
t**u**na, t**u**nny *Thunfisch*
t**u**rbot [tö:böt *Steinbutt*
tur**ee**n [tjuri:n] *Suppenschüssel*
t**u**rkey [tö:ki] *Truthahn*
to turn [tö:n] *drehen, wenden; werden;* to turn up *auftauchen*

turning *Querstraße*
turnip [tö:nip] *weiße Rübe*
turtle *Schildkröte*
twelfth *zwölfte; Zwölftel*
twelve *zwölf*
twenty *zwanzig*
twice [twais] *zweimal*
two [tu:] *zwei*
type [taip] *Art, Muster*
to type [taip] *tippen (Schreibmaschine)*
typewriter [taipraitö] *Schreibmaschine*

U

umbrella [ambrellö] *Regenschirm*
uncle [ankl] *Onkel*
under [andö] *unter;* under age *minderjährig*
underdone [andödan] *halb durchgebraten*
to understand, understood, understood *verstehen*
to undress *sich ausziehen*
unemployed *arbeitslos*
United Kingdom *Vereinigtes Königreich (Großbritannien)*
until [antil] *bis*
up [ap] *auf, hinauf, zu*
urgent [ö:dschnt] *dringend*
upper circle [apö sö:kl] *2. Rang (Theater)*
up-to-date [aptudejt] *modern*
us [as] *uns*
U.S.A. [ju: es ej] (United States of America [junaitid] *Vereinigte Staaten von Amerika*
usually [ju:schuöli] *gewöhnlich*
to use [ju:s] *gebrauchen, verwenden*
usher [aschö] *Platzanweiser, Türsteher*
usherette *Platzanweiserin*

V

vacancy [weiknsi] *freie Stelle*
vacant [weikönt] *frei, offen*
value [wälju:] *Wert*
vanilla *Vanille*
various [wäriös] *verschiedenartig*
veal [wi:l] *Kalbfleisch*
vegetables [wedschitejbls] *Gemüse*
vegetable broth, v. soup *Gemüsesuppe*
vegetarian [wedschitäriön] *vegetarisch; Vegetarier*
vehicle [wi:hikl] *Fahrzeug*
velouté sauce *„milde" Soße von Hühner- oder Kalbfleischbrühe, Butter und verschiedenen Zusätzen*

venison [wensn] *Hirsch-, Rehbraten, Wild*
vermicelli *Nudelsuppe*
very *sehr*
vexed [wekst] *verärgert;* I am vexed *ich ärgere mich*
Vienna [wijennö] *Wien*
vinegar [winegö] *Essig*
vinaigrette *mit Essig und Öl*
violet [waiölit] *violett*
visit *Besuch;* to pay a visit *einen Besuch machen*
visitor *Besucher, Fremder*
voice [wois] *Stimme*
voyage [wojidsch] *Seereise*

W

wafer [wejfö] *Oblate*
waffle [wofl] *Waffel*
wages [weidschis] *Lohn*
to wait for *warten auf*
waiter *Kellner*
waiting-room *Wartesaal*
waitress *Kellnerin*
walk [wo:k] *Spaziergang;* to take a walk, to go for a walk *einen Spaziergang machen*
wall *Wand, Mauer*
walnut [wo:lnat] *Walnuß*
want *Bedürfnis, Mangel*
to want *wünschen, wollen*
wardrobe [wo:droub] *Kleiderschrank*
warm *warm*
was *war*
to wash [wosch] *waschen*
washroom *Toilette*
wash-stand *Waschtisch*
watch [wotsch] *Armband-, Taschenuhr*
to watch *beobachten*
watchmaker *Uhrmacher*
water [wo:tö] *Wasser*
water-closet *(abg.* W.C. dablju:si:) *Abort, Toilette*
watercress *Brunnenkresse*
water tap *Wasserhahn*
way *Weg; Art und Weise*
wealthy [welthi] *wohlhabend*
weather [wedhö] *Wetter*
we [wi:] *wir*
wedding *Hochzeit*
Wednesday [wensdi] *Mittwoch*
week [wi:k] *Woche*
to weigh [wej] *wiegen*
weight [wejt] *Gewicht*
welcome [welköm] *willkommen;* you are welcome *bitte, gern geschehen*
well *gut, wohl*
well done *gut durchgebraten*
Welsh rabbit *geröstetes Brot mit heißem Käse*
were [wö:ö] *warst, waren, wart*
wet *naß*

what *was, was für*
when *wann, wenn, als*
where [wäö] *wo, wohin*
which [witsch] *welche(r, s)*
while [wail] *während*
whipped cream *Schlagsahne*
whisky *Whisky, Kornbranntwein*
white [wait] *weiß*
whitebait *kleine Weißfische*
whiting *Weißfisch*
Whitsunday *Pfingsten*
who? [hu:] *wer?*
who [hu:] *der (welcher), die (welche), (bezügliches Fürwort für Personen)*
whole [houl] *ganz (ungeteilt)*
wholesome [houlsöm] *gesund (zuträglich)*
wholly *gänzlich*
whom? [hu:m] *wen?*
whom [hu:m] *den (welchen), die (welche) (4. Fall)*
whose? [hu:s] *wessen?*
whose [hu:s] *dessen, deren*
why [wai] *warum; nanu?*
wife [waif] *Frau, Gattin*
wild [waild] *wild*
wild boar *Wildschwein*
wild duck *Wildente*
wild goose *Wildgans*
will *will, wollen; bei Zukunft: „wirst, werdet, werden"*
window [windou] *Fenster*
to wind up [waind ap], wound up [waund], wound up *aufziehen*
wine [wain] *Wein*
wine-list *Weinkarte*
wine-merchant [mö:tschnt] *Weinhändler*
winter *Winter*
to wipe [waip] *abtrocknen, wischen*
wire [waiö] *Telegramm*
to wire *telegraphieren*
wise [wais] *klug, weise*
with *mit, bei*
within *innerhalb, in*
without *ohne*
woman [wumen] *Frau, Mehrzahl* women [wimin]
to wonder [wandö] *sich wundern; sich fragen, gern wissen mögen, neugierig sein*
wood [wud] *Holz, Wald*
woodcock *Schnepfe*
wooden spoon [wudn spu:n] *Kochlöffel*
Worcester sauce [wuster] *fertige Soße*
work [wö:k] *Arbeit*
to work *arbeiten*
to worry *sich Sorgen machen*
worse [wö:s] *schlechter, schlimmer*
worst [wö:st] *am schlechtesten, am schlimmsten*
worth [wö:th] *wert;* worth seeing *sehenswert*
to write [rait], wrote [rout], written [ritn] *schreiben;* to write out *ausschreiben (Rechnung)*

Y

yard *„Elle", ca. 91 cm*
year [jiö] *Jahr*
yeast [ji:st] *Hefe*
yellow [jelou] *gelb*
yes *ja*
yesterday *gestern*
yet *noch, doch;* not yet *noch nicht*
yield *Ertrag, Ergebnis*
yolk [jouk] *Eigelb*
Yorkshire relish [jo:kshö] *pikante fertige Soße*
you [ju:] *du, dir, dich; ihr, euch; Sie, Ihnen; man*
your [juö] *dein(e), euer(e), Ihr(e)*
yours *der, die, das deinige, die deinigen; der, die, das eurige, die eurigen; der, die, das Ihrige, die Ihrigen*
yourself *dich, Sie (selbst)*
yourselves *euch (selbst)*

Z

zoo [su:] *Zoologischer Garten*

A

Aal eel

Abend **e**vening; *guten Abend!* good evening!, *heute abend* this evening, to-night

Abendessen (als Hauptmahlzeit) d**i**nner; *sehr spät:* s**u**pper

aber but

abfüllen to bottle

abnehmen (vermindern) to decr**ea**se

abnehmen (Hut) to take off

Abort l**a**vatory, w**a**ter-cl**o**set, W.C., wash-room

abräumen to clear aw**ay**

abreisen to leave for (left, left)

Abreise dep**a**rture

abspülen to do (to wash) the d**i**shes

Abspülküche sc**u**llery

absteigen to put up at

acht eight

achtzehn **ei**ght**ee**n

achtzig **ei**ghty

Adresse addr**e**ss

adressieren to addr**e**ss

Alkohol **a**lcohol, sp**i**rits

alkoholfreies Getränk soft drink

all(e, s) all, **e**verything

alle möglichen all sorts of, all kinds of

allgemein c**o**mmon(ly), g**e**neral(ly)

als (zum) for, as

als (nach Steigerung) than

alt old

altmodisch old-f**a**shioned

Amerika Am**e**rica

Amerikaner Am**e**rican

amerikanisch Am**e**rican

sich amüsieren to enj**oy** one-s**e**lf, to have a good time

an at, on, to

Ananas pine-apple

anbieten to **o**ffer

ander(er, e, es) **o**ther, an**o**ther

ändern to change

Angelegenheit m**a**tter

Angestellter employ**ee**, clerk

ankommen to arr**i**ve

annehmen to acc**e**pt

anrufen to call up, to ring up, to phone, to t**e**lephone

anstatt inst**ea**d of

antworten to **a**nswer

Antwort **a**nswer

anziehen to put on; to dress (ones**e**lf)

Apfel apple

Apfelkuchen apple-tart, apple-pie

Apfelküchlein apple fr**i**tter

Apfelmus apple sauce

Apotheker ch**e**mist

Appetit **a**ppetite

Appetitbissen **a**ppetizer, relish
appetitlich, appetitanregend **a**ppetizing
Aprikose **a**pricot
April **A**pril
Arbeit work, job
arbeiten to work
Arbeitgeber boss
sich ärgern to be vexed
Aroma fl**a**vour, fl**a**vouring
Art kind, sort, style, type
Art und Weise manner, way
Artischocke **a**rtichoke
Arzt d**o**ctor
auch also; *nachgestellt:* too
auf on
aufgeben (Gepäck) to r**e**gister
sich aufhalten to stay
aufheben to lift
sich aufklären (Wetter) to clear up
Auflauf souffl**é**
aufstehen to get up (got, got)
aufstreichen to spread, spread, spread
auftragen to serve
aufzählen to en**u**merate
aufziehen (Uhr) to wind up (wound, wound)
Aufzug lift, **e**levator *(am.)*
August (Monat) **Au**gust
aus out of, from
Ausbildung tr**ai**ning
ausbreiten to displ**ay**, to spread (spread, spread)
Ausflug trip, exc**u**rsion
aushändigen to hand
auslachen to laugh at
Ausländer f**o**reigner
ausländisch f**o**reign
Ausschank p**u**blic-house (pub), sal**oo**n(-bar), t**a**vern
ausschreiben to write out (wrote, written)
Aussprache pronunci**a**tion
aussprechen to pron**ou**nce
aussehen to look
Auster **oy**ster
Australien Austr**a**lia
Auswahl sel**e**ction
auswählen to sel**e**ct
(sich) ausziehen to take off (took, taken), to undr**e**ss
Auto (motor-)car
Avocato avoc**a**do

B

Backblech c**oo**kie sheet
backen to bake
Bäcker b**a**ker
Backpulver b**a**king p**ow**der
Bad bath
Badezimmer b**a**throom
Bahnhof st**a**tion
Bahnsteig pl**a**tform
Banane ban**a**na
Bandnudeln noodles
Bank (Geld) bank
Bankett b**a**nquet
Banknote b**a**nknote
Barbe m**u**llet
Barmann b**a**rman
Barsch perch
Bayer(in), bayerisch Bav**a**rian
Bayern Bav**a**ria
bedeutend imp**o**rtant

bedeuten to mean (meant, meant)
bedienen to serve
Bedienung attendance, service
Bedingungen (Preise) terms
Beefsteak steak; *deutsches B.* hamburger *(am.)*
sich beeilen to hurry up
beenden to end, to finish
Beere berry
befehlen to order
beginnen to begin (began, begun)
begleiten to accompany
im Begriffe sein to be going to
behalten to keep (kept, kept)
bei at, near, with
beide both; either
Bein leg; *(Knochen)* bone
beinahe almost, nearly
Bekannter acquaintance
Bekanntschaft acquaintance
sich beklagen to complain of
bekommen to get (got, got)
bekömmlich wholesome
belegtes Brot sandwich
beliebt popular
bemühen, belästigen to trouble
bequem comfortable
Bequemlichkeit comfort
berechnen to charge
Berge mountains
bereit ready
Berlin Berlin
Beruf profession
Beschäftigung job
beschäftigt busy, engaged
besetzen to occupy
besetzt busy, engaged
Besitzer owner, proprietor
besonders especially
besser better
bestehen aus to consist of
bestellen to order
Bestellung order
bestreuen to sprinkle, to powder
Bett bed *(im Schlafwagen und auf dem Schiff:* berth*)*
Bettdecke blanket
Bettuch sheet
sich bewegen to move
sich bewerben um to apply for
Bewerber applicant
Bewerbung application
bezahlen to pay (paid, paid)
Biegung turning
Bier beer; *helles B.* (pale) ale; *dunkles B.* stout, porter
Bier vom Faß draught beer
Billett ticket
billig cheap
Birne pear
bis till, until; as far as
Biskuit cracker; biscuit
bitte please; *nach „danke"* you are welcome; don't mention it *(brit.)*
bitten um to ask for; to beg
bitter bitter
blasen to blow (blew, blown)
Blatt leaf; *(Zeitung:* paper*)*
blau blue
Blaukraut red cabbage
bleiben to stay, to remain
Bleistift pencil

Blumenkohl cauliflower
Bohne bean
böse auf (über) angry with (at)
Botengang errand
Branntwein brandy; *allgemein:* spirits
braten to fry
Braten joint, roast
Bratkartoffeln fried potatoes
Bratensoße gravy
brauchen to need, to want
Brei (Hafer) porridge
Brett board
Brief letter
Briefkasten letter-box *(brit.)*, pillar-box
Briefmarke stamp
Briefträger postman
Bries sweetbread
bringen to bring (brought, brought)
britisch British
brodeln to simmer
Brombeere blackberry
Brot bread
Brotkorb bread-basket
Brotschnitte, geröstet toast
Bruder brother
Brunnenkresse water-cress
Brust (Fleisch) breast
Buch book
Buchhändler bookseller
Büchse box; *(Konservenbüchse)* tin *(brit.)*, can *(am.)*
Büchsenfleisch tinned meat *(brit.)*, canned meat *(am.)*
Bückling bloater
Büfett cupboard, sideboard, buffet
Büfettkellner barman
Büfettmädchen barmaid
Bündel bunch
Büro office

C

Champignon mushroom
Champignonsoße mushroom sauce
Chef boss; *(Küchenchef* chef*)*
Chikoree chicory

D

da there
Dame lady
dämpfen to stew
danke thank you, thanks
danken to thank
dann then
darf may
daß that
Dattel date
Datum date
decken (den Tisch) to lay the table (the cloth) (laid, laid)
denken to think (thought, thought)

der, die, das the
dein(e) your
deinige yours
deren whose
dessen whose
deutsch, Deutsche(r) German
Deutschland Germany
Dezember December
dich you
Diener (man-)servant
Dienstag Tuesday
dienstfrei off
dieser, diese, dieses (Einz.) this
diese (Mehrz.) these
Ding thing
dir (to) you
direkt direct
Direktor manager
Dollar dollar ($)
Dolmetscher interpreter
Donnerstag Thursday
dort there
drei three
dreißig thirty
dreizehn thirteen
dritte third
Drogist druggist
du you
dunkel dark
dunkles Bier stout, porter
dünsten to steam
durch through, by
durchaus nicht not at all
durstig thirsty

E

Ecke corner
Eckplatz corner seat
Ehe marriage
Ehemann husband
eher, lieber rather
Ei egg
Eierkuchen omelette
Eigelb egg yolk
Eiweiß white of an egg
Eier mit Schinken ham and eggs
Eierrahm custard
eigen own
Eile hurry
eilen to hurry
es eilig haben to be in a hurry
ein, eine (unbest. Geschlechtswort) a *(vor Selbstlaut* an*)*
einander each other *(bei 2 Pers.)*; one another
sich einbilden to fancy, to figure, to imagine
eingeschrieben (Brief) registered
Einheit unit
einige some
einigermaßen somewhat
einkaufen to go shopping (went, gone)
einkehren to put up (put, put)
einladen to invite
Einladung invitation, party
einmal once

Einrichtung furniture
eins one
einschenken to pour out
einschließen (im Preis) to include
einschließlich including, inclusive
einschreiben lassen (Brief) to register
eintreten to enter, to step in
Eintritt entrance
einverstanden sein to agree with
einweichen to soak
einwenden gegen to object to
einziehen to move in
Eis ice
Eisenbahn (brit.) railway, *(am.)* railroad
Eisenbahnkursbuch railway-guide, time-table
eisgekühlt iced
Eisschrank refrigerator; ice-box, ice-safe
elf eleven
Eltern parents
Empfangschef reception clerk
Ende end
Endivie endive
England England, Great Britain
Engländer Englishman
englisch English
Ente duck
entlang along
entlassen to discharge; *(fam.* to fire)
sich entschließen to make up one's mind (made, made)
entschuldigen to excuse
entweder — oder either — or
er he
Erbse pea
Erdbeere strawberry
Erdgeschoß ground-floor
erfahren, erprobt experienced
Erfahrung experience
erfrischend refreshing
Erfrischung refreshment
Erfrischungsraum refreshment-room, buffet
erinnern (jemand an) to remind of
sich erinnern to remember
sich erkälten to catch (a) cold (caught, caught)
erkältet sein to have a cold
Erkältung cold
sich erkundigen to inquire
Erkundigung inquiry
erst(e, r, s) first
erstaunt sein to be astonished
Erwachsener grown-up
erwarten to expect
erwischen, erreichen to catch (caught, caught)
erzählen to tell (told, told)
es it
essen to eat (ate, eaten)
Essig vinegar
Essig- und Ölständer cruet-stand
etwas (mit Hauptwort) some *(in fragenden, verneinten oder bedingenden Sätzen:* any)
etwas (ohne Hauptwort) something; anything

euch you
euer(e) your
eurige yours
Europa Europe
europäisch European
Extratrinkgeld extra tip

F

fad flat, insipid
fahren to drive, drove, driven
Fahrer driver
Fahrkarte ticket
Fahrplan time-table, railway-guide
Fahrrad bicycle *(fam.* bike*)*
Fahrstuhl lift; elevator *(am.)*
Fahrstuhlführer lift-boy; elevator operator *(am.)*
fallen to fall, fell, fallen
fallen lassen to drop
falsch (unrichtig) wrong; *(Geld)* fake
Familie family
fangen to catch (caught, caught)
Farbe colour *(am.* color*)*
Fasan pheasant
fast almost, nearly
faul, träge lazy
Februar February
Feder (Schreib-) pen
feiern to celebrate
Feiertag holiday, festival
Feige fig
Fenster window
Ferien holidays, vacation
fertig ready
fett fat
Fett fat, shortening
fetten to grease
Feuer fire
Fieber fever
Filet fillet
Film film, picture
finden to find (found, found)
Finger finger
Fisch fish
Fischfilet fish fillet
Fischhändler fishmonger
Flasche bottle
Fleisch meat; *Fleischer* butcher
Fleischbrühe beeftea, broth, bouillon, consommé
Fleischkloß meatball
Fleischknödel meat dumpling
Fleischpastete meat pie
Flugzeug (air)plane
Flunder flounder
folgen to follow
Forelle trout
fragen to ask
sich fragen to wonder
Frankreich France
Franzose Frenchman; *die Franzosen* the French
französisch French
Frau woman; *Mehrz.* women; *mit dem Namen:* Mrs. *(spr.* misis); *gnädige Frau* Madam

Fräulein Miss
frei free; off
freie Stelle vacancy, opening
Freitag Friday
Fremder stranger, foreigner
sich freuen to be glad
Freund(in) friend
Friseur hairdresser; barber
Frisiertoilette dressing-table, toilet-table
froh glad
Froschschenkel frog's leg
Frost frost
Frucht fruit
fruchtig fruity
Fruchtsaft fruit juice
früh early
Frühling spring
Frühstück breakfast
(sich) fühlen to feel (felt, felt)
führen to lead, led, led; to guide
füllen to fill
Füllfederhalter fountain-pen
fünf five
fünfte fifth
fünfzehn fifteen
fünfzig fifty
für for
Fuß foot, *Mehrz.* feet
Fußboden floor

G

Gabel fork
Gang corridor
Gang (Speisen) course
Gans goose, *Mehrz.* geese
Gänseklein giblets
ganz (ungeteilt, Eigenschaftswort) whole; *gänzlich (Umstandswort)* quite, wholly, entirely, all
Garage garage
gar gekocht well done
gar nicht not at all
Garnele shrimp
garnieren to garnish, to decorate
Gast guest, patron, customer
Gasthaus restaurant
Gasthof inn, hotel
Gastwirt innkeeper
Gatte husband
Gattin wife
Gebäck pastry, cookies
geben to give (gave, given)
geboren born
gebrauchsfertig ready-to-use
Gebühr charge, fee
Geburtstag birthday
Gedeck cover
gefallen, mögen to like, to enjoy
Gefallen favour *(am.* favor*)*
Geflügel fowl, poultry
gegenwärtig present
Gehalt salary
gehen to go (went, gone); *(zu Fuß)* to walk, to go on foot
gehören to belong to
gekühlt (in Eis) iced
gelangen to get (got, got)
gelb yellow

Geld money
Geldstück coin
Geldsystem monetary system
Gelee, Gallerte jelly
Gelegenheit, Anlaß occasion; *günstige G.* opportunity
Gemisch mixture
Gemüse vegetables
Gemüsehändler greengrocer
Gemüsesuppe (klare) vegetable broth
genau exact(ly), sharp
genießen to enjoy
genug enough
Gepäck luggage *(brit.)*, baggage *(am.)*
Gepäckaufbewahrung cloakroom *(brit.)*; left luggage office *(am.)*
Gepäckträger porter
gerade aus straight on, straight ahead
Geräusch noise
geräuschvoll noisy
gereift mature
Gericht (Speise) dish, course
gern haben (essen, trinken), mögen to like, to be fond of
geröstetes Brot toast; canapé *(mit gewissen Vorspeisen)*
Geschäft, Laden shop, store
Geschäfte business
geschäftig, beschäftigt busy
Geschäftsführer manager
geschehen, passieren to happen
Geschenk present
geschickt clever
Geschirr dishes
Geschirrspüler(in) dishwasher
Geschmack taste, relish; *Aroma:* flavour(ing)
Geschmack finden to relish
Gesellschaft party
gesetzlich legal
gestern yesterday
gesund healthy, sound; *bekömmlich:* wholesome
Gesundheit health
Getränk beverage, drink
Getreideflocken cereals
gewiß certainly, surely
Gewitter thunderstorm, electric storm
gewöhnlich common(ly), general(ly), usual(ly)
Gewürz spice
Gewürznelke clove
gewürzt spiced, spicy; *(stark)* deviled
gießen to pour
Glas glass
glauben to think (thought, thought)
gleich, sofort directly, *es ist mir gleich* it's all the same to me, it makes no difference to me
Glocke bell
Glück good luck, chance
gnädige Frau Madam
Grad degree
Grapefruit grapefruit
grau grey, gray
Grill grill
grillen to grill
groß (dick) big; *(ausgedehnt)* large; *(hoch)* tall; *(bedeutend)* great
großartig grand
Großbritannien Great Britain

Großeltern grandparents
Großmutter grandmother
Großvater grandfather
grün green
Gulasch gulash
Gurke cucumber
gut good; fine; well *(Umstandswort)*
gut durch well done

H

Haar(e) hair
haben to have (had, had)
hacken to chop, to mince
Hackbraten meatloaf
Hackfleisch hash
Haferbrei porridge
Hahn cock, rooster *(am.)*
halb half
halb durch underdone *(brit.)*, rare *(am.)*
halten to keep (kept, kept), *(Zeitungen)* to take in (took, taken)
Hammelfleisch mutton
Hammelkotelett mutton chop
Hammelragout auf irische Art Irish stew
Hand hand
Handkoffer suit-case
Handtuch towel
hart hard
hartgekocht hard-boiled *(brit.)*, hardcooked *(am.)*
Haschee hash
Hase hare
Hasenpfeffer jugged hare, hasenpfeffer
hassen to hate
häßlich nasty
Haupt-, hauptsächliche chief, main
Hauptstadt capital
Haus house
Hausbesitzer landlord
Hausbesitzerin landlady
Häuserblock block
Hecht pike
Hefe yeast
Heidelbeere bilberry
Heilbutt halibut
heim home
Heim home
heiß hot
helfen to help
hell light, clear
Henne hen
herausschreiben to write out (wrote, written)
herb (Wein) dry
Herbst autumn *(brit.)*, fall *(am.)*
herein! come in!
hereinbringen to carry in, to bring in (brought, brought)
Hering herring
Herr gentleman, *Mehrz.* gentlemen
Herr (mit Namen) Mr.
herunter down
Herz heart
Herzmuschel cockle

heute today
hier here
Hilfskoch assistant cook, junior cook, cook's assistant
Himbeere raspberry
hinauf up
hinten, hinter behind
hinunter down
Hirn brains
Hirsch deer, stag
Hirschbraten venison
hoch high
Hochzeit wedding
hoffen to hope
höflich polite
holen to fetch, to get (got, got)
holländische Soße hollandaise sauce
Honig honey
horchen to listen to
hören to hear (heard, heard)
Hotel hotel
Hotelbesitzer hotelkeeper
Hotelhalle hall, lobby, foyer
Hoteldiener porter; *(Hausknecht)* boots
Hotelportier hallporter
Hotelpage boy, bellboy, busboy, page
hübsch handsome, pretty, nice
Huhn chicken
Hühnerbrühe chicken broth
Hummer lobster
Hund dog
hundert one (a) hundred

I

ich I
Idee idea
ihm, ihn him
Ihnen you
ihnen them
ihr her *(Einz. 3. Pers. weibl.)*
ihr(e, n) her
ihr (Mehrz. 1. Pers.) you
Ihr(e, n) your
ihre (3. Pers. Mehrz.) their
ihrige (Einz. 3. Pers. weibl.) hers
ihrige (Mehrz. 3. Pers.) theirs
Ihrige yours
Imbiß lunch, snack
Imbißraum lunch-room, luncheon-bar
immer always
in in; *bei kleineren Städten:* at
in (hinein) into
Indien India
Ingwer ginger
Ingwerlimonade ginger-beer
innerhalb within
insbesondere especially, in particular
inserieren to advertise
Inserat advertisement *(am. abg. „ad")*
interessant interesting
sich interessieren für to be interested in
irgend etwas anything
irgend jemand anybody, somebody

irgendwie somehow
irgendwo anywhere, somewhere
Ire Irishman
Irisch Irish
Irland Ireland
sich irren to be mistaken
Italien Italy
Italiener(in) Italian
italienisch Italian

J

ja yes
Jahr year
Jahrestag anniversary
Jahreszeit season
Januar January
jedenfalls anyhow, any way
jeder (beliebige) every *(immer mit Hauptwort)*
jeder (aus einer bestimmten Anzahl) each
jeder(mann) everybody, every one
jemals ever
je — desto the — the
jemand somebody, some one; *bei Frage und Verneinung:* anybody
jene(r, s) that *(Einzahl)*
jene those *(Mehrzahl)*
jetzt now, at present
Johannisbeere currant
Juli July
jung young
Junge boy
Jungkoch cook's assistant, junior cook
Juni June

K

Kabeljau cod, codfish, hake
Kabeltelegramm cable
Kaffee coffee
Kaffeehaus coffee-house
Kaffeekanne coffee-pot
Kakao cocoa
Kalbfleisch veal
kalt cold
Kanada Canada
Kaninchen rabbit
kann can; *(darf)* may
Kännchen jug
Kapaun capon
Kaper caper
kaputt out of order
Karaffe carafe
Karotte carrot
Karpfen carp
Kartoffel potato
Kartoffeln in der Schale („im Schlafrock") potatoes in their jackets
Kartoffelpüree mashed potatoes, mash
Käse cheese
Kastanie chestnut

Katze cat
kaufen to buy (bought, bought)
Kaufmann merchant, grocer
Kaviar caviar
kein(e) (mit Hauptwort) no; *(ohne Hauptwort)* none
Keks cracker, biscuit
Keller cellar
Kellner waiter
Kellnerin waitress
kennen to know (knew, known)
Keule leg
Kind child, *Mehrz.* children
Kino (brit.) cinema, *(am.)* movies, pictures, picture-house
Kirche church
Kirchturmuhr church clock
Kirsche cherry
Kirschkuchen cherry-pie
Kirschlikör cherry brandy
Kleid dress
Kleiderschrank wardrobe, press, closet
klein small, little
Kleingeld change, coppers
klingeln to ring (the bell) (rang, rung); to press the button
klopfen to knock
Kloß, Klößchen dumpling
Kneipe public-house (pub); saloon, saloon-bar
Knochen bone
Knopf button
knusprig crisp
Koch (man-)cook
Kochlöffel wooden spoon
kochen to boil *(sieden);* to cook
Köchin cook
Kochtopf saucepan
Koffer (klein) suitcase; *(groß)* trunk
Kognak brandy, cognac
Kohl cabbage
Kokosnuß coconut
Kolonialwarenhändler grocer
Kolonie colony; *mit Selbstverwaltung* dominion
kommen to come (came, come)
Kommode chest of drawers
Kompott stewed fruit, preserves
Konditor pastry-cook; confectioner
Konditorei confectioner's shop
Konfekt candy, confection, sweets, sweatmeat
können to be able; *ich kann* I can
Konservenbüchse (brit.) tin, *(am.)* can
Konzert concert
Konzertsaal concert-hall
konzessioniert licensed
Kopf head
Kopfkissen pillow
Kopfsalat lettuce
Kopfschmerzen headache
Korinthe currant
Kork cork
Korkzieher cork-screw
Kornbranntwein whisky

Korrespondenz correspondence
kosten (Geld) to cost, cost, cost; *(versuchen)* to taste
kostspielig expensive, costly
Kotelett cutlet, chop
Krabbe crab
krank sick, ill
Krankenhaus hospital
Krankheit illness, sickness
Kraut cabbage
Krautsalat (am.) cole slaw
Krebs crawfish, crayfish
Krug pitcher, jug
Küche kitchen; *(Zubereitung)* cooking
Kuchen cake
Küchenchef chef, head-cook
Kuchenform cake tin, cake mould
Küchengeräte kitchen utensils
Küchenherd kitchen range
Küchenjunge cook's assistant
Küchenkraut herb; *feingehackte Kräuter:* fines herbes
Küchenmädchen kitchenmaid
Küchenschrank kitchen cupboard, kitchen dresser
kühl cool
kühlen to chill
sich kümmern to look after, to care for, to take care of (took, taken)
Kunde customer, patron
Kunst art
Künstler artist
Kupfer copper
Kürbis pumpkin, squash
Kursbuch time-table, railway-guide
kurz short
Kusine cousin
Kutteln, Kuttelflecke tripe

L

lachen to laugh
lächeln to smile
Lachs salmon
Laden shop, store
Ladenbesitzer shopkeeper
Lampe lamp
lang long
langsam slow(ly)
lassen 1. zulassen, erlauben: to let, to allow, to suffer, to permit; *2. veranlassen:* to have, to get, to make; *3. befehlen:* to order, to command
Lauch leek
Lauf course
Laufbursche errand-boy
laut noisy, loud
leben to live
Leben life
Lebensmittel foodstuff
Lebensmittelgeschäft grocery
leer empty
legen to put (put, put); to lay (laid, laid)
sich legen to lie down (lay, lain)

Lehnstuhl arm-chair, **ea**sy-chair
lehren to teach (taught, taught)
Lehrer **te**acher
leicht (Gewicht) light; *(zu tun)* **ea**sy, simple; *(geringfügig)* slight
leid, es tut mir leid I am s**o**rry
leider unf**o**rtunately; I am afr**ai**d, I am s**o**rry
leihen to lend (lent, lent)
leiten to m**a**nage, to run (ran, run)
Lektion, Unterrichtsstunde **le**sson
Lende loin, s**i**rloin, *(sehr zart:)* **te**nderloin
lernen to learn
lesen to read (read, read)
letzte last; *(neueste)* **la**test
Leute people
lieb dear
lieber, eher r**a**ther
Liebling d**a**rling
Lieblings- f**a**vourite
Lift (brit.) lift; *(am.)* **e**levator
Liftjunge (brit.) l**i**ftboy, lift att**e**ndant; *(am.)* **e**levator man, **e**levator **o**perator
Limonade **le**monade; *Naturlimonade* **le**mon-squash
Limone lime
linke left
links to the left
Linse **le**ntil
Löffel spoon
Lohn w**a**ges
Lokal place
London L**o**ndon
los werden to get rid of (got, got)
lösen (Billett) to book
Luft air

M

machen to make (made, made); to do (did, done)
Mädchen girl; *(Dienstmädchen:)* maid
Magen st**o**mach
Magenbeschwerden indigestion
mager lean
Mahlzeit meal
Mai May
Mais(kolben) corn (cob)
Makkaroni macar**o**ni
Makrele m**a**ckerel
Makrone macar**oo**n
mal time
man one, you, we, they, people
manch(e, r, s) many a
manchmal **so**metimes
Mandel **a**lmond
Mangel an want of
Mann, Mensch man, *Mehrz.* men
Mantel **o**vercoat, cloak
Margarine m**a**rgarine

Mark (im Knochen) marrow
Marmelade jam; *aus Orangen:* marmalade
März March
Masthuhn pullet
Matratze mattress
Maus mouse, *Mehrz.* mice
Mayonnaise mayonnaise
Meerrettich horseradish
mehr more
mehrere several
mein(e) my
mein Herr sir; *meine Herren* gentlemen; *meine Damen und Herren* ladies and gentlemen
meinige mine
Meinung opinion, mind
Meister master
Melone melon
Menü menu, bill of fare
Meringe meringue
Messer knife
Metzger butcher
mich me
Milch milk
Milchhändler milkman
mild mild, soft
Million one (a) million
Mineralwasser mineral water
Minute minute
Minzsoße mint sauce
mischen to mix
Mischung mixture
mit with, by
Mitglied member
mitinbegriffen included
Mitleid pity
Mittag noon, midday
Mittagessen (leicht) lunch, luncheon; *(Hauptmahlzeit)* dinner
Mittagsrestaurant luncheon-bar
Mitte middle, centre
Mitternacht midnight
Mittwoch Wednesday
modern modern, up-to-date; *elegant:* fashionable
mögen, gern haben to like, to be fond of; *nicht mögen* to dislike
Molkerei dairy
Monat month
Montag Monday
morgen tomorrow
Morgen morning
müde tired
München Munich
Mundtuch napkin
Münze coin
Mürbeteigkuchen shortcake
Muschel mussel; *Kammuschel* clam; *Venusmuschel* scallop; Herzmuschel cockle
Muschelsuppe clam broth
Muscheltier shellfish
Museum museum
Musik music
Muskatblatt, -blüte mace
Muskatnuß nutmeg
muß must; *müssen* to have to, to be forced to, to be obliged to
Mutter mother

N

nach **a**fter, *(bei Zeitangabe:)* past; *(Richtung:)* to
nach festem Menü table d'hôte
nach der Karte à la carte
Nachmittag **a**fternoon
nachmittags (bei Zeitangabe) p. m.
Nachmittags- (5-Uhr-) Tee 5 o'clock tea
Nachricht(en) news
nächst (Entfernung:) n**ea**rest; *(Reihenfolge:)* next
Nacht night
Nachtisch dess**e**rt
nahe near
Name name
Namenstag name-day
natürlich of course
Nebel fog
nebelig f**o**ggy
Neffe n**e**phew
nehmen to take (took, t**a**ken)
nein no
nett nice, pl**ea**sant
neu new
neugierig sein to w**o**nder
Neujahr New Year
neulich the **o**ther day
neun nine
neunzehn n**i**net**ee**n
neunzig n**i**nety
Neuseeland New Z**ea**land
nicht not; *durchaus nicht* not at all; *noch nicht* not yet
nichts n**o**thing
nieder down
niemals n**e**ver
niemand n**o**body, no one
Niere k**i**dney
nirgends n**o**where
noch still, yet
noch ein an**o**ther
Norden, nördlich north
November Nov**e**mber
Nudelbrett p**a**stry board
Nudelholz r**o**lling pin
null nought, zero
Nummer n**u**mber
nur **o**nly
Nuß nut

O

ob if, wh**e**ther
Oberkellner h**ea**dwaiter
obig ab**o**ve
Oblate w**a**fer
Obst fruit(s)
Obsthändler fr**ui**terer
Obstkuchen, Obsttörtchen tart
Ochs ox, *Mehrz.* **o**xen
Ochsenfleisch beef
Ochsenschwanzsuppe **o**xtail soup
oder or
offen **o**pen
offiziell off**i**cial
öffnen to **o**pen

oft **o**ften
ohne with**ou**t
Oktober Oct**o**ber
Öl oil
Olive **o**live
Omnibus **o**mnibus, bus
Onkel uncle
Oper **o**pera
Orange **o**range
Orangenlimonade orange**a**de
Orangenmarmelade m**a**rmalade
Osten east
Ostern **Ea**ster
Österreich **Au**stria
Österreicher(in), österreichisch **Au**strian

P

Päckchen p**a**cket, p**a**rcel
Page page, boy, b**e**llboy, b**u**sboy
Paket p**a**rcel, p**a**ckage
Papier p**a**per
Papiergeld p**a**per-money, b**a**nknote
Paranuß Br**a**zil nut
Paris P**a**ris
parken to park
Papierwarenhändler stati**o**ner
passen, angenehm sein to suit
Pastete pie
Pension b**oa**rding-house
Pensionsgast b**oa**rder
perlen, schäumen to sparkle
Perlhuhn gu**i**nea-hen
Personal staff, personn**e**l
Personenzug **o**mnibus train
Petersilie p**a**rsley
Pfeffer p**e**pper
Pfefferbüchse p**e**pper-box
pfeffern to p**e**pper
Pfingsten Wh**i**tsun(day)
Pfirsich peach
Pflaume plum; *gedörrt* prune
Pfund pound
Pfund Sterling pound St**e**rling (£)
pikante Soße piqu**a**nt sauce
Pilz m**u**shroom
Platz place, room, seat
Polizei pol**i**ce
Polizist pol**i**ceman
Portier (hall-)p**o**rter
Porto p**o**stage
Portwein port
Post mail
Postamt post-**o**ffice
Postanweisung m**o**ney **o**rder, p**o**stal **o**rder
Postbeamter p**o**stal clerk
Postkarte p**o**st-card
Preis price
Preiselbeere cr**a**nberry
Pudding p**u**dding
Punsch punch
putzen to clean, to cleanse, to p**o**lish; *(Schuhe:)* to shine

Q

quer (über, durch) acr**o**ss

Querstraße t**u**rning

R

Radieschen r**a**dish

Ragout stew, rag**ou**t, fricass**ee**

Rahm cream

Rahmsoße cream sauce; *(weiße)* bécham**e**l sauce

rasieren to shave

rauchen to smoke

das Rauchen sm**o**king

Raucherabteil sm**o**king compartment, *(am.)* sm**o**ker

Räucherhering k**i**ppered h**e**rring

räuchern to smoke

Raum room

Rebhuhn p**a**rtridge

Rechnung bill, *(am.)* check

recht right; *recht haben* to be right; *ganz recht* all right, *(am. familiär)* O.K.

rechts to the right

rechtzeitig in time

regelmäßig r**e**gular

Regen rain

Regenschauer sh**o**wer

Regenschirm umbr**e**lla

regnen to rain

regnerisch r**ai**ny

reiben to grate

Reibeisen gr**a**ter

reich rich

reichen to pass, to hand

rein clean

Reineclaude gr**ee**ngage

reinigen to clean, to cleanse

Reis rice

Reise j**ou**rney, trip; *(Seereise)* v**o**yage

reisen to tr**a**vel, to go on a j**ou**rney

Reisender tr**a**veller, p**a**ssenger

reparieren to rep**air**

Restaurant r**e**staurant, lunchroom; *mit Selbstbedienung* cafet**e**ria

Rhabarber rh**u**barb

Rheinwein hock

richtig corr**e**ct, right, just

riechen to smell

Rippe rib

Rippenspeer spare-rib

roh raw

rosa pink

Rosenkohl Br**u**ssels sprouts

Rosine r**ai**sin

Rosmarin r**o**semary

Rost rack, grill

rot red

rote Rübe red beet, b**ee**troot

Rübe, weiße t**u**rnip; *gelbe* c**a**rrot

Rücken back

rückwärts, rückwärtig back

Rückzimmer back-room

rufen to call

rühren to stir

Rühreier scrambled eggs

rund round

Runde round; *eine Runde zahlen* to stand a round (stood, stood)

Russe, Russin, russisch Russian

Rußland Russia

S

Saal room, hall

Safran s**a**ffron

Saft juice

saftig j**ui**cy

sagen to say (said, said); to tell (told, told)

Sahne cream

Salat **sa**lad

Salattunke **sa**lad dr**e**ssing

Salz salt

salzen to salt

Salzgefäß salt-c**e**llar

Samstag **Sa**turday

Sandkuchen sponge cake

Sardelle anch**o**vy

Sardellenbutter anch**o**vy butter

Sardine s**a**rd**i**ne; *große* p**i**lchard

sauber clean

säubern to clean, to clear, to cleanse

sauer sour

Sauerkraut **sau**erkraut

Schachtel box

schade, es ist it is a p**i**ty

Schaf(e) sheep

Schaffleisch m**u**tton

Schalentier sh**e**llfish

Schalter b**oo**king-**o**ffice

scharf sharp; *gewürzt* hot, d**e**viled

schätzen to est**ee**m

schauen to look

schäumen to sparkle

Scheibe slice

scheinen (als ob) to seem; *(Sonne etc.)* to shine (shone, shone)

Schellfisch h**a**ddock

Schenke bar, sal**oo**n(-bar), pub(lic house), t**a**vern

schicken to send (sent, sent)

Schinken ham; *geräucherter Sch.* g**a**mmon

Schlaf sleep

schlafen to sleep (slept, slept)

schläfrig sl**ee**py

Schlafzimmer b**e**droom

schlagen to beat (beat, b**ea**ten)

Schlagsahne whipped cream

Schlagteig b**a**tter

schlecht bad; *schlechter* worse; *schlechtest* worst

schließen to shut, shut, shut; to close

schlimm bad; *schlimmer* worse; *schlimmst* worst

Schlüssel key

schmackhaft tasty, savoury
Schmalz dripping
schmecken to taste; to enjoy
schmoren to braise, to stew
schmutzig dirty
Schnee snow
schneiden to cut (cut, cut); to carve
Schneider tailor
Schneiderin dressmaker
schneien to snow
schnell quick(ly), fast
Schnellgaststätte quicklunch restaurant
Schnellzug express(-train), fast train
Schnepfe snipe
Schnitte slice
Schnupfen cold in the head
Schokolade chocolate
schon already
schön fine, beautiful
Schotte Scotsman, Scotchman
schottisch Scotch
Schottland Scotland
schreiben to write (wrote, written)
Schuh shoe
Schuhmacher shoemaker
Schule school
Schulter shoulder
Schüssel dish, bowl
Schwager brother-in-law
Schwägerin sister-in-law
Schwanz, Schweif tail
schwarz black
Schwarzbrot brown bread
Schweinefleisch pork
Schweineschmalz lard
Schweiz Switzerland
Schweizer(in), schweizerisch Swiss
schwer (schwierig) difficult, hard; *(Gewicht)* heavy; *(Wein)* full-bodied
Schwester sister
schwimmen to swim (swam, swum)
sechs six
sechzehn sixteen
sechzig sixty
Seefisch salt water fish
Seezunge sole
sehen to see (saw, seen)
sehenswert worth seeing
sehr very
sehr viel(e) a lot of; plenty of
Seife soap
sein(e) (männl. Besitzer) his; *(sächl.)* its
seinige his
seit since
Seite side; *(im Buch)* page
Sekretär(in) secretary
Sekunde second
Selbstbedienung self-service
Sellerie celery
selten seldom
Semmel roll
senden to send (sent, sent)
Senf mustard
Senftopf mustard-pot
September September
servieren to serve
Serviette napkin; *(Kellner)* serviette
Sessel arm-chair, easy-chair

sich setzen to sit down (sat, sat); *setzen Sie sich* take a seat
sicher certain(ly), sure(ly)
sie (Einz. 1. Fall) she
sie (Einz. 4. Fall) her
sie (Mehrz. 1. Fall) they
sie (Mehrz. 4. Fall) them
Sie you
Sieb sieve
sieben to sieve, to sift
sieben (Zahl) seven
siebzehn seventeen
siebzig seventy
Silber silver
Silberzeug silver
Sirup syrup, treacle
Sitz, Sitzplatz seat
Skilaufen skiing
so so; *so ... wie* as ... as; *nicht so ... wie* not so ... as
Sodawasser soda(-water)
sofort at once; immediately
sogar even
Sohn son
solch, ein(e) solche(r) such a
solche (Mehrzahl) such
soll shall
sollen to be to
Sommer summer
Sommerendivie romaine
sondern but
Sonne sun
Sonntag Sunday
sonst (noch, außerdem) else
Sorte sort, kind
Soße sauce; *Bratensoße* gravy
Soßenschüssel sauce-boat
Spaghetti spaghetti
Spargel asparagus
Spaß fun
spät late
Spatel spatula
Spaziergang walk; *einen Sp. machen* to take a walk (took, taken)
Speck bacon
Speiseeis ice-cream
Speisekammer larder, pantry
Speisekarte menu, bill of fare
speisen to dine
Speisesaal, Speisezimmer dining-room
Speisewagen dining-car *(am.* diner)
Spezialgericht special, specialty
Spiegel looking-glass, mirror
Spiegelei fried egg
spielen to play
Spirituosen spirits
Spießchen brochette
Sprache language
sprechen to speak (spoke, spoken)
Sprichwort proverb
spülen to rinse; to do the dishes
Spülküche scullery
Stachelbeere gooseberry
Stadt town; *größere, Industrie-, Altstadt* city
Stadtviertel quarter
Stammgast customer, patron
stecken to stick (stuck, stuck); to put (put, put)

stehen to stand (stood, stood); *stehen bleiben* to stop
steigern to increase
Stein stone
Steinbutt turbot
Stelle, Stellung job, position, situation
stellen to put (put, put)
Steppdecke quilt
Stiefelputzer (Hotel) boots; *(Straße)* shoeblack
Stil, Art style
Stockwerk floor, story
stolz auf proud of
stören to trouble
Straße street, road; *breite, bepflanzte* avenue
Straßenbahn (brit.) tramcar, *(am.)* streetcar
Strauß bunch
streng severe
Strohkartoffeln straw potatoes
Stück piece; *(Zucker)* lump
Stuhl chair
stumpf blunt
Stunde hour
Südafrika South Africa
Süden, südlich south
Sultanine sultana
Suppe soup
Suppenschüssel soup-tureen
Suppenteller soup-plate
süß sweet
Süßigkeiten sweets, candy
Süßspeise sweetmeat, sweet
Süßwasserfisch fresh water fish
System system

T

Tabak tobacco
Tabakhändler tobacconist
Tablett tray
Tag day
Tante aunt
Tasche (im Kleidungsstück) pocket
Taschenuhr watch
Tasse cup
tatsächlich indeed
Taube pigeon
tausend one (a) thousand
Taxi taxi
Tee tea
Teegeschirr tea-things
Teekanne teapot
Teekuchen, flach muffin
Teelöffel tea-spoon
Teestube tea-room
Teig dough
Teil part
teilen to share, to divide
Telegramm telegram, wire
Telegraphenamt telegraph office
Telefon telephone *(abg.* phone)

telefonieren to call up, to ring up, to telephone (to phone)
Telefonzelle telephone-box, call-box, public call-box
Telefonist switchboard operator
Teller plate
Teppich carpet, rug
teuer dear, expensive
Theater theatre *(am.* theater*)*
Theke bar
Thunfisch tuna; tunny
tiefgekühlt quick frozen
Tisch table
Tischtuch table-cloth
Tochter daughter
Toilettentisch toilet-table, dressing-table
Tomate tomato
Tomatensoße catchup
töricht silly
Torte fancy-cake, tart
tragen (Kleider) to wear (wore, worn); *(Lasten)* to carry
Trauben grapes
trennen (Telefon) to disconnect
trinken to drink (drank drunk)
Trinkgeld tip, gratuity
Trüffel truffle
Truthahn turkey
tun to do (did, done)
Türe door
Turmuhr clock

U

über about, over, across
überall everywhere
übereinstimmen to agree
überhaupt at all *(nur mit Verneinung)*
übermorgen the day after tomorrow
überreichen to hand
überschreiten to cross
übersetzen to translate
Übersetzung translation
übertreiben to exaggerate
übrig left
übrigens after all; by the way, by the by
Übung exercise
Uhr (Taschen-) watch; *(Turm-, Zimmer-)* clock
Uhr (bei Zeitangabe) o'clock
um (bei Zeitangabe) at
um zu (in order) to
Umstände circumstances
umsteigen to change (trains)
und and
Unfall accident
ungefähr about
ungeschickt silly, clumsy
unmittelbar directly, immediately
unmöglich impossible
unpünktlich unpunctual
uns us

unser(e) our
unsrige ours
unten down
unter under; *(zwischen)* among
unterbringen to accommodate, to cater, to put up (put, put)
Unterbringung accommodation
unterhalb below
Unterschied difference
Untertasse saucer
Urlaub holiday, vacation, leave

V

Vanille vanilla
Variété music-hall
vegetarisch vegetarian
Verabredung appointment; date
verbinden (Telefon) to connect; to put through (put, put)
verbringen to spend (spent, spent)
verbunden (Telefon) connected, through
verderben to spoil
Vereinigte Staaten von Amerika United States of America (U. S. A.)
verfehlen (Zug) to miss
vergessen to forget (forgot, forgotten)
verkaufen to sell (sold, sold)
verlangen nach to ask for; *(berechnen)* to charge
verlassen to leave (left, left)
sich verlassen auf to rely on
verlorene (verlaufene) Eier poached eggs
vermehren to increase
vermindern to decrease
versäumen to miss
verschaffen to get (got, got)
versorgen to cater for
versprechen to promise
verstehen to understand (understood, understood)
versuchen to try; *(kosten)* to taste
vertragen (Magen) to agree with
vertreten to represent
Verwandte(r) relation, relative
verwenden to use
Vetter cousin
viel (mit Einzahl) much; a lot of
viele (mit Mehrzahl) many; a lot of
vielleicht perhaps, maybe
vier four
vierte fourth
Viertel quarter
Viertelstunde quarter of an hour

vierzehn fourteen
vierzig forty
Villa bungalow
violett violet
voll full
von of; *von ... her, an* from; *bei Leideform* by
vor, vorher before; *(in die Vergangenheit zurückweisend)* ago
vorbei (Zeitangabe) past
Vorderzimmer front-room
Vorgänger predecessor
vorgehen (Uhr) to be fast
vorgestern the day before yesterday
Vorhang curtain
vorkommen, passieren to happen
Vorleger (Teppich) rug
Vorleglöffel (soup-)ladle
Vormittag forenoon, morning
vormittags in the morning; *(bei Zeitangaben)* a. m.
vorschlagen to suggest (sadschest)
Vorspeise appetizer, hors d'œuvre, relish, savoury
vorstellen (Leute) to introduce
sich vorstellen (einbilden) to fancy, to figure, to imagine
vortrefflich choice
vorziehen to prefer

W

Wacholderbranntwein gin
Wachtel quail
Waffel waffle
Wagen car, *(Eisenbahn)* carriage
Wahl choice
wählen to choose (chose, chosen)
während (Verhältniswort) during; *(Bindewort)* while
Währung currency
Walnuß walnut
Wand wall
wann when
warm warm
wärmen to warm
warten to wait for
warum why
was what
waschen to wash
Wäscherei laundry
Waschtisch wash-stand
Wasser water
Wasserflasche decanter
wechseln to change
wecken to call
weder ... noch neither ... nor
Weg way
weg (davon) away, off
wegen on account of
weich soft
weich gekocht (Ei) soft-boiled; *(am.)* soft-cooked; *(zart)* tender
Weihnachten Christmas
weil because
Wein wine
Weinkarte wine-list
Weinhändler wine-merchant

weiß white
Weißbrot white bread
Weißfisch whiting
Weißfische, kleine whitebait
Weißwein (Rheinwein) hock
weit far
welche(r, s)? which?
welche(r, s; der, die das) (bezügliches Fürwort) für Personen: who; *für Sachen:* which
wenig (mit Einzahl) little; *ein wenig* a little
wenige (mit Mehrzahl) few
weniger less; *am wenigsten* least
wenigstens at least
wenn (zeitlich) when; *(bedingend)* if
wer? who?
werden (selbständiges Tätigkeitswort) to become (became, become); to get (got, got); *(langsam)* to grow (grew, grown); *(schnell)* to turn
werfen to throw (threw, thrown)
wert worth
Wert value
wessen? whose?
wie? how?; *wie bitte?* I beg your pardon; *wie z. B.* such as
wie (Vergleich) like
wieder again
Wien Vienna
wild wild
Wildbret, game, venison
Wildschwein wild boar
will will
willkommen welcome
Winter winter
Winterendivie escarole
wir we
Wirt landlord, innkeeper, saloonkeeper
Wirtin landlady
Wirtshaus public-house *(abg.* pub), inn
wissen to know (knew, known)
wo? where?
woher? from where, where... from?
wohin where (... to)?
Woche week
wohnen to live
Wohnung apartment
Wohnzimmer living-room
wollen to want, to wish, to intend
sich wundern to be surprised, to wonder at
wünschen to wish, to desire
würzen to season, to spice; *(sehr stark)* to devil

Z

zäh tough
Zahl number
zahlen to pay (paid, paid)
Zahn tooth, *Mehrz.* teeth
Zahnarzt dentist
Zahnbürste tooth-brush

Zahnstocher tooth-pick
Zahnweh t**oo**thache
zart t**e**nder
zehn ten
zeigen to show (showed, shown)
Zeit time, *Zeitschrift* magaz**i**ne
Zeitung n**e**wspaper, paper
Zeitungsjunge n**e**wsboy
zergehen (lassen) to melt
zerlegen, zerschneiden to carve
Zeugnis cert**i**ficate
ziemlich r**a**ther
ziemlich gut durch m**e**dium
Zigarre cig**a**r
Zigarette cigar**e**tte
Zimmer room
Zimmerdecke **cei**ling
Zimmerflucht suite
Zimmermädchen ch**a**mbermaid
Zimmeruhr clock
Zimt c**i**nnamon
Zollamt c**u**stom-house
zu to, *(zu sehr)* too
zubereiten to prep**a**re
Zubereitung prepar**a**tion
Zucker s**u**gar
Zuckerbäcker conf**e**ctioner
Zuckerbüchse s**u**gar-b**a**sin
Zuckerschale s**u**gar-bowl
Zuckerzange s**u**gar-tongs
zuerst first, at first
Zug train
zu Hause at home
zuhören to listen to
zulassen to let (let, let); to all**o**w, to s**u**ffer
zuletzt at last
zum Beispiel e.g.; such as
Zündholz match
Zunge tongue
zurück back
zurücklassen to leave (left, *left)*
zusammen tog**e**ther
zu spät kommen to be late
zu stark gebraten **o**verdone
zustoßen to h**a**ppen to
Zutaten ingr**e**dients
Zutritt verboten off l**i**mits
zwanzig tw**e**nty
zwei two
zweimal twice
zweite s**e**cond
Zwetschge plum
zwischen betw**ee**n; *(unter)* am**o**ng
Zwischengericht entr**ee**
zwölf twelve